O Guia Completo sobre os Shih Tzus

Molly Weinfurter

Para informações, contate LP Media Inc., 30012 Variolite St NW, Princeton, MN 55371

www.lpmedia.org

Dados de Publicação

Molly Weinfurter

O Guia Completo sobre os Shih Tzus ---- Primeira edição.

Resumo: "Criando com sucesso um cão Shih Tzu desde filhote até a velhice" --- Fornecido pela editora.

ISBN: 979-8-89818-027-0

[1. Shih Tzu --- Não-Ficção] I. Título.

Este livro foi escrito com a intenção publicada de fornecer informações precisas e autoritativas em relação ao assunto incluído. Embora todas as precauções razoáveis tenham sido tomadas na preparação deste livro, o autor e a editora expressamente se isentam de responsabilidade por quaisquer erros, omissões ou efeitos adversos decorrentes do uso ou aplicação das informações contidas no interior. As técnicas e sugestões devem ser usadas a critério do leitor e não devem ser consideradas um substituto para cuidados veterinários profissionais. Se você suspeitar de um problema médico com seu cão, consulte seu veterinário.

Design por Sorin Rădulescu

Primeira edição em português, 2025

SUMÁRIO

CAPÍTULO 1
O que é um Shih Tzu?

Se você já viu aqueles cãezinhos de exposição com pelos longos que arrastam no chão como um esfregão, provavelmente eram Shih Tzus. Em outras palavras, eles são conhecidos por serem cães elegantes e bem cuidados, geralmente vistos com laços no cabelo. É assim que muitas pessoas imaginam um Shih Tzu, mas a verdade é que essa raça é muito mais do que isso. Eles não precisam ter pelos longos e esvoaçantes ou laços elegantes nas orelhas o tempo todo, porque não são apenas cães de exposição, mas também animais de estimação comuns do dia a dia. Para quem não está familiarizado com essa raça, pode ser difícil distingui-los de outros cães pequenos e peludos, mas uma vez que você conhece um Shih Tzu, suas características únicas o farão se destacar de todas as outras raças. Eles são excelentes cães de companhia para uma ampla variedade de pessoas devido à sua natureza doce e personalidade adorável.

Foto cortesia de
Erin Abay

8

Características Físicas

"Um fato interessante é que um Shih Tzu pode mudar completamente de cor. Se você escolher um filhote com base na cor, pode se surpreender ao ver um cão visualmente diferente alguns meses depois. Por exemplo, é comum que um filhote de Shih Tzu chocolate escuro sólido clareie com o tempo, assumindo tons como cinza leitoso ou creme por volta do primeiro ano de vida."

Twila Severance
Divine Design Shih Tzu

Os Shih Tzus têm uma aparência única porque possuem uma grande variedade de características diferentes. Nem todos os Shih Tzus são exatamente iguais. Muitas pessoas tendem a confundi-los com outras raças pequenas, como o Lhasa Apso ou o Havanese, mas existem várias maneiras de distinguir um Shih Tzu de cães semelhantes. Mesmo que nem todos os Shih Tzus se pareçam, a raça compartilha múltiplas características comuns. Por exemplo, eles geralmente podem ser distinguidos por seus rostos redondos e achatados. Enquanto a maioria das raças de cães tem um focinho longo, o Shih Tzu é uma das poucas raças com um nariz que quase parece estar espremido contra o rosto. Exemplos de outras raças que têm esse rosto mais achatado são os Pugs e os Pequineses.

Quanto à coloração, os Shih Tzus não têm uma cor principal. Eles vêm em uma ampla variedade de cores e padrões de pelagem. As cores comuns para Shih Tzus são branco, marrom, preto, cinza e tigrado. Muitas vezes, eles serão uma mistura de mais de uma cor, como preto e branco ou marrom e branco. Se eles tiverem duas cores diferentes, normalmente terão padrões únicos, como manchas grandes e pequenas por toda a pelagem.

Como os Shih Tzus soltam muito pouco pelo, sua pelagem é considerada cabelo em vez de pelo. Isso significa que ela cresce continuamente e precisa ser cortada regularmente. O comprimento pode variar conforme a preferência do tutor, mas muitos optam por manter o pelo curto para facilitar a movimentação do cão e reduzir a necessidade de escovação constante. Um estilo popular é deixar o cabelo do topo da cabeça mais longo, preso com um laço ou fita. Embora também seja possível manter a pelagem longa como em cães de exposição, isso exige mais tempo e cuidados. De qualquer forma, devido à frequência de tosa, o cabelo do Shih Tzu tende a ser sempre macio ao toque.

Uma das características mais distintivas de um Shih Tzu são seus olhos. Eles tendem a ter olhos grandes e saltados. Às vezes, seus olhos parecem estar quase indo em duas direções diferentes. Isso pode dar ao cão uma aparência um pouco atrapalhada ou divertida — mas de um jeito encantador. O prognatismo (quando os dentes inferiores ficam à frente dos superiores) é outra característica comum entre os Shih Tzus, isso significa que seus dentes inferiores se projetam tanto para frente que estão quase sempre visíveis. Nem todos os Shih Tzus têm prognatismo e eles não são a única raça que pode tê-lo, mas é uma característica bem conhecida deles. Os criadores geralmente tentam evitar filhotes com prognatismo porque isso pode causar problemas de saúde no futuro, além de ser um pouco estranho. Mas, na maior parte, isso apenas adiciona um pouco de personalidade ao seu cãozinho e faz com que pareça que ele está constantemente sorrindo.

Os Shih Tzus são categorizados como cães pequenos porque geralmente pesam entre quatro e sete quilos e têm entre 20 e 28 centímetros de altura. Suas pernas são geralmente bastante curtas e seus corpos podem parecer um pouco redondos, mesmo que estejam com um peso saudável. Esse tipo de corpo faz com que eles se cansem muito facilmente, por isso são comumente conhecidos como uma raça mais pre-

Foto cortesia de
Brenda Soto

guiçosa. Mesmo assim, certifique-se de que eles façam bastante exercício, porque é fácil para essa raça calma ganhar alguns quilos extras.

Apesar de ser uma raça pequena, os Shih Tzus são tipicamente cães bastante robustos. Quando você pega um no colo, pode se surpreender com o quanto eles são pesados. Só porque eles parecem um pouco mais pesados não significa necessariamente que estejam acima do peso. Geralmente é apenas a composição corporal da raça.

Características Comportamentais

Embora os Shih Tzus possam se assemelhar a outras raças pequenas, suas personalidades típicas podem variar muito dessas raças semelhantes. Assim como a maioria dos tipos de cães, a personalidade de um Shih Tzu varia de cão para cão. Embora existam algumas características comuns entre essa raça, é bom lembrar que nem todos os Shih Tzus agirão exatamente da mesma maneira. Um exemplo de uma característica comum do Shih Tzu é sua lealdade. Uma vez que encontram um lar, eles rapidamente criam laços com sua família. Isso geralmente significa que eles vão querer passar o máximo de tempo possível com você e ficam animados toda vez que o veem. Quando deixados sozinhos, eles frequentemente tentam encontrar suas roupas sujas para dormir, para que ainda possam sentir seu cheiro. Eles farão qualquer coisa para ficar ao seu lado o máximo possível.

Essa forte lealdade também significa que os Shih Tzus são muito protetores com as pessoas com quem são próximos. Eles facilmente ficam com ciúmes ou preocupados se veem você perto de cães ou pessoas desconhecidas. Eles podem rosnar ou morder quando estão preocupados com outros causando danos a você. É importante treiná-los para corrigir esses hábitos porque, mesmo que seu Shih Tzu esteja apenas cuidando de você, outras pessoas podem pensar que seu cão é mau ou agressivo. Apesar do tamanho pequeno, os Shih Tzus podem agir de forma durona quando necessário.

Outra característica que muitos Shih Tzus compartilham é a teimosia. Eles geralmente não gostam de receber ordens, o que pode tornar o treinamento um desafio. Eles são muito firmes em seus hábitos, por isso é importante sempre ter paciência com eles quando estiver tentando fazer com que o escutem. Certifique-se de que é você quem está treinando-os e não o contrário. Eles são espertos e tentarão fazer com que você faça o que eles querem. Por exemplo, mesmo sendo perfeitamente capazes de pular em uma cama ou sofá, alguns aprendem que, ao sentar e choramingar, você os pegará no colo. É um hábito preguiçoso, mas

Foto cortesia de
Judi Gullickson

muitos Shih Tzus percebem essas dinâmicas, então tenha cuidado para que seu novo cão não tente mandar em você.

Os Shih Tzus não são uma das raças de cães conhecidas por ter alta inteligência. O treinamento pode ser confuso para eles e, às vezes, eles nem percebem algo bem no nariz deles, mas são sábios de outras maneiras. Eles conseguem perceber quando seu dono está chateado e sabem exatamente como confortá-lo. Eles podem não ser capazes de fazer um elaborado show de talentos, mas pelo menos sabem como ser ótimos companheiros.

Embora algumas dessas características comuns possam parecer um pouco negativas, isso não é verdade. Essas características são únicas desta raça e lhes dão uma personalidade interessante e divertida. Quase nunca há um dia chato com um Shih Tzu ao seu lado. Mesmo que pareçam difíceis de lidar, é importante lembrar que eles são uma raça muito amorosa e amigável. Eles adoram conhecer novas pessoas e ficam animados toda vez que alguém está disposto a acariciá-los. Por causa de sua natureza doce e leal, os Shih Tzus também são ótimos animais de terapia e apoio emocional. É certeza que alegrarão qualquer pessoa que pare para acariciá-los, especialmente seus donos e quaisquer outras pessoas em quem tenham aprendido a confiar.

Embora você precise de muita paciência com seu cão e o processo de treinamento possa ser lento, os Shih Tzus são uma raça brincalhona e amigável que trará alegria à sua vida se esta for a raça que você decidir ter.

A História do Shih Tzu

Há registros de Shih Tzus que remontam a pelo menos mil anos. Eles se originaram na China, principalmente no Tibete, onde eram chamados de "Cão Leão". Isso porque seus pelos eram mantidos longos para se assemelhar à juba de um leão. Esses cães eram comuns na religião budista, devido ao fato de que os leões eram uma parte significativa de sua cultura. Como não havia leões reais na China, eles decidiram criar esses pequenos cães para se parecerem com eles.

Os Shih Tzus foram criados para serem cães de companhia, especificamente para aquecer os pés da realeza. Eles eram tipicamente encontrados descansando pelo palácio do Imperador da China, servindo como companheiros leais e afetuosos dos membros da corte. Um de seus principais papéis no palácio era ficar de olho em visitantes indesejados e latir se vissem pessoas ou animais desconhecidos.

Com o tempo, a raça Shih Tzu não mudou drasticamente. Agora, eles são um animal de estimação doméstico comum em vez de apenas companheiros dos reis e rainhas, mas muitas de suas características permaneceram constantes. A raça ainda é usada como cão de companhia, e eles ainda preferem confortar seus donos o máximo possível. Os Shih Tzus também ainda são protetores de seus donos e gostam de latir quando veem visitantes indesejados perto de sua casa, o que pode estar relacionado à maneira como a raça protegia os imperadores todos aqueles anos atrás.

Um Shih Tzu é a Escolha Certa para Você?

Os Shih Tzus são ótimos animais de estimação, mas podem não ser a escolha certa para todos. Então, como você sabe se um Shih Tzu é a raça certa para você?

Primeiro, certifique-se de que um cão pequeno é o que você está procurando. Mesmo que você ame todos os cães, a maioria das pessoas tem uma forte preferência por raças grandes ou pequenas. Uma raça pequena como um Shih Tzu pode ser uma ótima opção para você se você mora em uma casa menor ou apartamento e não tem espaço suficiente para um cão maior correr. Se você viaja muito e espera levar seu cão com você, um cão pequeno é mais fácil de transportar. Os Shih Tzus são especialmente adequados para viagens, já que geralmente são uma raça tranquila. Outra razão pela qual as pessoas preferem cães menores é simplesmente porque eles são mais fáceis de pegar e abraçar. Eles não exigem muita força para segurar nos braços e, se eles não cooperarem em algum momento, você pode simplesmente pegá-los e levá--los com você.

Outra razão pela qual um Shih Tzu pode ser a escolha certa para você é se você está procurando um cão hipoalergênico. Pessoas que são alérgicas a cães são principalmente alérgicas aos pelos e à baba que saem do cão, mas felizmente os Shih Tzus não soltam pelos nem babam mais do que uma pessoa comum. Então, se você é próximo de alguém que tem alergias, provavelmente não precisa se preocupar com seu novo Shih Tzu sendo um problema quando eles vierem visitar. Além disso, é mais fácil manter sua casa e suas roupas limpas quando você não precisa se preocupar com pelos de cachorro espalhados por toda parte.

Algumas pessoas pensam que ter uma raça pequena e tranquila como um Shih Tzu significa que não precisam dar tanta atenção a eles, mas isso não é nada preciso. Os Shih Tzus adoram atenção e, se você

der pouca ao seu cão, eles ficarão entediados ou solitários. É importante entender que escolher adotar um Shih Tzu é uma grande decisão e eles precisam ser tratados com tanto amor e atenção quanto qualquer outro cão.

Não só os Shih Tzus são uma raça pequena e hipoalergênica, mas há outros fatores que podem ajudar a mostrar se eles são ou não a raça ideal para você. Mais especificamente, um Shih Tzu é o cão certo para você se você está procurando um companheiro que se ligará rapidamente a você. Você precisa estar aberto a um cão que pode ser muito brincalhão e energético às vezes, enquanto outras vezes pode ser preguiçoso e sonolento. Você também precisa estar disposto a ser paciente com seu Shih Tzu, mas, no geral, os benefícios de ter essa raça como animal de estimação superam em muito os pontos negativos.

CAPÍTULO 2
Escolhendo um Shih Tzu

Muitos fatores influenciam na escolha do Shih Tzu ideal. É importante decidir qual método é melhor para você, seja comprando um filhote recém-nascido ou adotando de um abrigo local ou de um grupo de resgate de cães. Independentemente do caminho que você decidir seguir, seja paciente com sua decisão. Lembre-se, este cão não é como qualquer outra compra, pois logo se tornará um novo membro da sua família.

Comprar vs. Adotar

Quando se trata de escolher um novo cão, existem duas opções principais. A primeira é adotar um cão, o que significa que você precisaria procurar em um abrigo de animais local ou em um grupo de resgate. A segunda opção é comprar um filhote de um criador certificado. Algumas pessoas sabem imediatamente qual caminho é melhor para elas, mas às vezes pode ser difícil decidir. Se você está incerto sobre qual caminho seguir, certifique-se de considerar todos os prós e contras de cada método primeiro.

Muitas pessoas decidem adotar porque há tantos cães por aí que já estão procurando um lar amoroso. Existem muitos abrigos locais e grupos de resgate, mas, é claro, algumas regiões terão mais opções que outras. Você pode facilmente pesquisar online para ver todos os cães disponíveis para adoção perto de você. É sempre uma boa ideia olhar suas opções antes de tentar comprar um novo filhote, porque às vezes o cão perfeito já está por aí esperando por um lar.

A razão pela qual as pessoas frequentemente se inclinam para criadores em vez de resgates é porque, ao adotar, geralmente você não estaria pegando um filhote muito jovem. Você só pode adotar o que está disponível no momento. Como o Shih Tzu é uma raça popular, pode ser mais difícil encontrá-los em abrigos ou resgates, a menos que sejam um pouco mais velhos. Além disso, se você é alguém que com certeza quer um Shih Tzu de raça pura, isso é muito mais difícil de encontrar ao adotar um cão. Isso porque, na maioria das vezes, os resgates e abrigos não conhecem o histórico exato do cão.

Dito isso, adotar um cão adulto pode ser melhor porque isso geralmente significa que o cão já está treinado para fazer suas necessidades no lugar certo e pode até conhecer alguns comandos básicos. Ao criar um novo filhote, as pessoas frequentemente esquecem quanto trabalho será necessário para cuidar daquele recém-nascido. Eles não estarão treinados e será preciso muito tempo e paciência para treiná-los adequadamente. Um cão adulto provavelmente levará menos tempo para treinar e se ajustar, já que certamente passou por algum tipo de aprendizado no passado. Ao visitar cães de resgate, o lar temporário ou abrigo pode facilmente informar quanto o cão já sabe e quão bem-comportado ele é. Treinar um filhote pode ser estressante, mas adotar um cão adulto pode eliminar parte desse trabalho extra.

O principal motivo pelo qual muitas pessoas preferem adquirir um filhote diretamente de um criador é a previsibilidade: ao comprar de um criador responsável, você sabe exatamente de onde o filhote vem, qual é o seu histórico e quais características físicas e comportamentais ele provavelmente herdará. Além disso, criadores sérios costumam fornecer garantias de saúde e acompanhamento veterinário, assegurando que

Foto cortesia de Monica Cox

o filhote será entregue em boas condições e com os cuidados iniciais adequados.

Muitas pessoas também preferem filhotes não apenas porque são adoráveis, mas porque você pode acompanhar seu novo companheiro durante toda a vida dele. Você estará com ele em cada marco importante, assim como estaria com uma criança. Pode ser emocionante ver seu cão crescer junto com você. Se você estiver disposto a investir o tempo e esforço extras para criar um filhote, então um criador pode ser a melhor escolha para você.

Outra coisa a considerar sobre as duas opções é que os preços são drasticamente diferentes. Criar o filhote perfeito tem um custo. Ao comprar de um criador, o preço médio geralmente fica entre R$ 2.500 e R$ 7.500. Cada criador definirá preços diferentes para seus cães, mas geralmente, quanto mais você paga, melhor qualidade pode esperar.

Adotar um Shih Tzu geralmente é muito mais barato, com uma média entre R$ 500 e R$ 1.500. Isso normalmente incluirá a castração do cão antecipadamente, bem como todas as vacinas necessárias. Seu cão de resgate também geralmente terá microchip caso ele se perca. Essas coisas às vezes custam extra ao comprar um filhote, tornando a adoção muito mais barata se o dinheiro for um grande fator em sua decisão. No entanto, de qualquer forma, existem prós e contras para cada método, então antes de seguir em frente, reserve bastante tempo para pensar sobre isso.

Encontrando um Criador Confiável

"Um bom criador fará um monte de perguntas ao potencial comprador. Eles querem o melhor lar para seus filhotes."

Marion Starr
Starrme Shihtzu

Ao comprar um filhote de Shih Tzu, certifique-se de encontrar um criador confiável. Existem toneladas de opções diferentes por aí, então simplesmente pesquisar na internet por um pode ser frustrante. A enorme seleção de criadores pode tornar a decisão esmagadora e difícil de decidir qual escolha é a melhor para você.

Uma boa maneira de obter recomendações específicas sobre um criador respeitável é discutir com alguém que trabalhe diretamente com cães, como um veterinário ou tosador próximo. Eles provavelmente poderão orientá-lo na direção certa e dar conselhos sobre como identificar se um criador é confiável e respeitável. Isso pode pelo menos ajudá-lo a reduzir bastante suas opções. Você também pode pedir recomendações a familiares e amigos que já compraram filhotes de Shih Tzu antes.

Os melhores criadores serão aqueles que mais conhecem a raça. Como o Shih Tzu é uma raça popular, as pessoas podem criá-los apenas para ganhar muito dinheiro. Esses são os criadores para evitar. Encontre alguém que seja apaixonado por Shih Tzu, porque eles serão os mais confiáveis para você. Portanto, quanto mais informado o criador for e quanto mais parecer realmente se importar com a raça, mais provável que seja uma boa escolha.

Um bom criador também vai querer conhecer você melhor antes de você adotar um filhote. Eles vão querer garantir que seus filhotes vão para um bom lar e uma família amorosa. Se um criador tem muito pouco contato com você além da compra do filhote, eles podem não ser a melhor opção. Não tenha medo de fazer quantas perguntas quiser sobre o processo. Um criador confiável vai querer garantir que você esteja o mais confortável possível antes de levar seu novo animal de estimação para casa.

Antes de escolher um criador, é altamente recomendável visitar pessoalmente os que despertam seu interesse. Isso permite que você esclareça dúvidas diretamente com os criadores, observe o ambiente em que os cães vivem e avalie as condições de saúde e comportamento dos pais dos filhotes. Os pais devem estar visivelmente saudáveis, bem cuidados e socializados. Se apresentarem comportamentos como latidos excessivos, agitação extrema ou falta de controle ao interagir com visitantes, isso pode indicar falhas no manejo ou na criação. Um criador que não consegue manter seus próprios cães bem treinados provavelmente também não garantirá um bom início de vida ao filhote que será entregue a você.Um bom criador poderá informar sobre as características que provavelmente serão transmitidas dos pais para o seu filhote, bem como se há algum problema de saúde que você deva saber antecipadamente. Um criador aceitável nunca esconderá nenhuma dessas informações e ficará mais do que feliz em responder a todas as suas perguntas. Se o criador com quem você está trabalhando não parece confiável, não tenha medo de encontrar outro. A última coisa que você quer é comprar um filhote e depois perceber que não é o que você esperava receber.

A maioria dos criadores não permitirá que você visite os filhotes até que eles tenham cerca de quatro semanas de idade. Se este for o caso, não pense que o criador está sendo rude e impedindo você de conhecer seu futuro cão. Eles só fazem isso pela segurança dos pequeninos. Os cães precisam de tempo para se ajustar ao mundo ao seu redor antes de ir para casa com uma nova família. No entanto, alguns criadores ainda enviarão muitas fotos e estarão dispostos a fazer videochamadas com você para que você possa se manter atualizado sobre como os filhotes estão. Se um criador não atualizar você sobre a ninhada que lhe interessa, então eles podem não ser uma fonte confiável para adotar um filhote.

Depois de encontrar um criador, ele deve fornecer provas de que seu novo filhote está com boa saúde. A maioria dos criadores fica mais do que feliz em fornecer provas de que seu Shih Tzu é de raça pura e

Foto cortesia de
Dr. Troy Clifford Dargin

vem de uma linhagem de cães saudáveis e bem-criados. No entanto, também é uma boa ideia levar seu filhote a um veterinário logo depois de obtê-lo, apenas para verificar se tudo o que o criador disse sobre sua saúde está correto. Desta forma, você sabe com certeza que obteve o filhote que estava procurando.

Escolhendo o Filhote Perfeito

Quando você vê uma ninhada de filhotes, todos podem parecer semelhantes no início, mas cada um terá suas próprias peculiaridades e traços de personalidade. Se você vir apenas fotos dos filhotes com antecedência, provavelmente tenderá a escolher o filhote com a coloração mais legal, mas não tenha medo de mudar de ideia quando conhecê-los. Um filhote diferente pode se conectar melhor com você, então manter a mente aberta ajudará você a tomar uma decisão melhor no final. Além disso, à medida que seu filhote cresce, sua coloração pode mudar ligeiramente no primeiro ano. Portanto, se você selecionar seu filhote apenas com base no padrão de pelo, poderá ter uma decepção quando ele se tornar um cão adulto e ficar diferente.

Existem certas coisas que você pode procurar em uma ninhada para ajudá-lo a decidir qual filhote é o mais adequado para você. As principais áreas a serem focadas ao conhecer filhotes são o nível de atividade, temperamento e saúde. Nem todos os filhotes serão exatamente iguais em todas essas áreas.

Os Shih Tzu não têm um alto nível de atividade para começar, mas ao olhar para os filhotes, pode ser tentador ser atraído pelo que tem mais energia. Muitas pessoas preferem o filhote mais brincalhão, mas essa não é a melhor opção para todo mundo, então é importante que você decida qual prefere. Você deve ser capaz de dizer quais filhotes têm mais energia com base em como eles interagem entre si. Alguns podem correr e brincar o tempo todo, enquanto outros podem ficar mais na deles. Não há certo ou errado em sua escolha; tudo se baseia em qual você acha que será melhor para você.

Embora os Shih Tzu frequentemente compartilhem traços de personalidade semelhantes, seus temperamentos ainda podem variar entre cada filhote. Alguns podem vir direto até você com o rabo abanando, enquanto outros podem ser um pouco mais hesitantes no início. Tente passar um tempo com cada filhote individualmente para ver com qual você se conecta mais. Você pode ser capaz de dizer imediatamente qual é o seu cão ideal. Às vezes, até os filhotes mais tímidos se abrem para as pessoas certas.

Antes de selecionar um filhote para levar para casa, você deve ser capaz de dizer se ele está ou não com boa saúde. O pelo do seu novo filhote deve estar brilhante. Se a pelagem parecer opaca e não for macia ao toque, isso pode ser um problema. Você também vai querer se certificar de que o filhote está com um bom peso, e não magro ou muito pesado. Além disso, verifique os olhos e orelhas para garantir que estão limpos. Seu filhote deve parecer o mais saudável possível. Se você tiver alguma preocupação sobre eles, não tenha medo de discuti-las com o criador antes de comprar um.

Adotando de um Abrigo

Foto cortesia de Renee' Willard

Uma das maneiras mais comuns de adotar um cão é de um abrigo local. Provavelmente existem vários abrigos diferentes ou sociedades protetoras de animais em sua área, então mesmo que você esteja hesitante em adotar de um abrigo, não custa nada pelo menos dar uma olhada. Os abrigos são facilmente acessíveis porque você sempre pode simplesmente passar por lá para ver os cães sem ter nenhum compromisso ainda. Algumas pessoas escolhem um cão simplesmente com base em uma foto e uma breve descrição no site do abrigo, mas ver os cães pessoalmente pode tornar muito mais fácil ver como é a personalidade dele. Além disso, às vezes, os abrigos têm dificuldade em manter seus sites completamente atualizados, então pode haver alguns cães novos no abrigo que ainda não foram publicados online.

Os abrigos nem sempre têm uma grande variedade de cães porque cada um só tem uma certa quantidade de espaço por vez. Shih Tzu não são comumente encontrados em abrigos devido à sua popularidade, mas não custa verificar. Se você encontrar um cão que lhe interesse em um abrigo, pode pedir para conhecê-lo para ver como o cão reage especificamente ao seu redor.

Ao conhecer um cão em um abrigo, eles geralmente fornecerão todas as informações conhecidas sobre o animal e deixarão você ter algum tempo sozinho com ele em uma sala separada. Isso permitirá que você veja como o cão age e ajudará a decidir se ele poderá se conectar com você. Alguns cães serão amigáveis com você imediatamente, mas outros podem levar tempo para se ajustar. Se o cão que você está conhecendo não vier correndo para você imediatamente, isso não significa necessariamente que ele não gosta de você. Os abrigos podem ser assustadores para os cães, então o primeiro encontro com um potencial dono pode deixá-los ansiosos, então lembre-se de ser paciente.

Antes de decidir levar um companheiro de abrigo para casa, é uma boa ideia fazer com que quaisquer crianças ou outros cães em sua casa conheçam o cão primeiro. Nem todos os cães agem da mesma forma com crianças e outros animais de estimação, então esta será uma boa maneira de fazer a transição do cão para sua nova realidade. É uma boa ideia passar o máximo de tempo possível com o cão antes de decidir se ele é adequado para você ou não. Se houver mais de um cão que lhe interesse em um abrigo, não tenha medo de conhecer ambos. Você não precisa se contentar com o primeiro que vir.

Adotando de um Grupo de Resgate

Embora adotar de um abrigo seja geralmente mais fácil e mais barato do que adotar de um grupo de resgate, ainda é uma boa ideia explorar ambas as opções. Os resgates podem ser mais benéficos porque existem muitos grupos diferentes para escolher e eles normalmente têm uma seleção mais ampla de cães do que um abrigo teria. Alguns resgates se concentram especificamente em cães menores ou cães que não soltam pelo, o que poderia ajudar muito a restringir sua busca. A maneira mais fácil de encontrar o cão de resgate perfeito, no entanto, é simplesmente pesquisar online para encontrar todos os cães disponíveis para adoção na área.

Cães de resgate geralmente vivem em lares temporários, cuidados por voluntários apaixonados por animais que os acolhem até que encontrem uma família definitiva. Ao se interessar por um desses cães, você poderá entrar em contato com o responsável pelo lar temporário para agendar uma visita. Esse processo costuma exigir um pouco mais de coordenação do que visitar um abrigo, mas proporciona uma experiência mais próxima e personalizada. Além disso, o responsável pelo lar temporário geralmente conhece bem o comportamento e as necessidades do cão e pode sugerir outros animais do mesmo resgate que ainda não estejam disponíveis online, mas que possam se adequar ao seu perfil.

O processo para adotar de um resgate geralmente leva mais tempo do que de um criador ou abrigo porque eles querem garantir que todos os seus cães vão para um bom lar. Nem todo grupo de resgate de cães é igual, mas muitos deles vão querer entrevistar você e sua família com antecedência e podem até exigir uma visita domiciliar. Embora isso possa parecer um pouco tedioso, mostra que o resgate realmente se preocupa com seus cães e o que acontece com eles depois de serem adotados. Além disso, se você decidir adotar deles novamente no futuro, eles ficarão mais do que felizes em ajudá-lo a encontrar outro cão que se adapte bem à sua família.

Semelhante à adoção de um abrigo, é importante lembrar que o primeiro cão que você olhar nem sempre será o cão perfeito para você. Durante o processo, mantenha a mente aberta e não tenha medo de conhecer o maior número possível de cães. Quanto mais você conhecer, mais provável será encontrar o cão ideal para você. Encontrar o cão perfeito não deve ser um processo apressado de forma alguma, então lembre-se de ser paciente enquanto procura seu Shih Tzu.

CAPÍTULO 3
Preparando Sua Casa para o Seu Shih Tzu

A ssim que você começar a procurar um novo cachorro, prepare sua casa com antecedência. Se você não está acostumado a ter um cachorro em casa, pode haver coisas que precisam ser ajustadas para tornar o ambiente mais confortável e seguro para seu amigo peludo. É importante que seu cachorro tenha bastante espaço e suprimentos prontos para recebê-lo durante seu primeiro dia em casa.

Preparando o Espaço para Seu Cachorro

"Recolha tudo e qualquer coisa do chão. Filhotes são como aspiradores de pó, e vão comer e roer qualquer coisa. Tenha um espaço 'seguro' designado para o filhote. Eu recomendo pelo menos um cercadinho montado para que o filhote tenha um espaço seguro para dormir, comer e brincar."

Twila Severance
Divine Design Shih Tzu

Quando você traz seu Shih Tzu para casa, é normal querer passar o máximo de tempo possível com ele, mas você precisa lembrar que pode levar um tempo para ele se ajustar. Ele pode estar brincalhão e energético no início, mas se preferir ficar sozinho enquanto se acostuma, você precisa respeitar isso também.

Não importa o quão próximo você se torne do seu novo cachorro, todo Shih Tzu precisará de algum tempo sozinho ocasionalmente. Portanto, certifique-se de que ele tenha um espaço na casa que seja especificamente dele. Isso pode ser simplesmente uma caixa de transporte com uma cama confortável ou um canto da casa para guardar alguns de seus brinquedos e suprimentos. Apenas uma área para onde ele possa se retirar se precisar ficar sozinho por um tempinho. Ter sua própria área na casa vai ajudá-lo a se sentir em casa mais rapidamente.

Como os Shih Tzu não precisam de muito espaço para correr dentro de casa, você não precisa ter uma casa grande para ter um. Eles geral-

Foto cortesia de
Brittaney Rosenmayer

mente ficam contentes com qualquer espaço que recebem, não importa quão grande ou pequena seja a casa. Por serem uma raça pequena e mais tranquila, eles são bons cães de apartamento — mas precisarão ser treinados para não latir com muita frequência. Desde que seu Shih Tzu tenha um lugar designado para deitar e uma janela para olhar, ele deve ficar mais do que feliz com sua situação de moradia.

Cães maiores e mais ativos geralmente precisam de um quintal cercado ou uma grande área externa para correr, mas para um Shih Tzu, isso não é necessário. Eles gostam de explorar o ambiente externo, mas não precisam de uma área externa designada. Se você mora em um apartamento ou em uma casa com um quintal pequeno, você sempre pode levá-los ao parque para cães ocasionalmente se sentir que eles precisam de mais espaço ao ar livre. Caso contrário, se você tiver uma varanda ou pátio, seu Shih Tzu pode gostar de simplesmente sentar lá fora e admirar a paisagem. Dessa forma, eles podem ser preguiçosos e aproveitar o ar livre ao mesmo tempo.

Ajustando Animais de Estimação Atuais e Crianças

Mesmo que seu Shih Tzu seja geralmente bom com crianças e outros cães, ainda é uma boa ideia apresentá-los lentamente a esses outros membros da família. Pode ser um pouco avassalador para eles ter um monte de crianças e cães desconhecidos correndo em sua direção de uma só vez. Se houver várias crianças e animais de estimação em sua casa, apresente-os ao seu novo cão um de cada vez. Isso pode ajudar a tornar o processo mais confortável para o seu novo membro da família. Conhecer todos eles de uma vez pode ser um pouco assustador, especialmente se as crianças e outros cães tiverem muita energia.

Se houver crianças na casa, elas provavelmente já conheceram o novo cão com antecedência, mas ainda é uma boa ideia ter cuidado, especialmente com crianças mais novas. As crianças frequentemente têm dificuldade em entender os limites de um novo cão e vão constantemente segui-lo e dar mais amor e carinho do que o cão suporta. Os Shih Tzu podem se assustar se uma criança com muita energia vier correndo em sua direção ou não os deixar em paz. Lembre as crianças de serem gentis com o novo membro da família. Certifique-se de que as crianças não sufoquem seu novo Shih Tzu com atenção demais. Isso ajudará seu novo cão a se sentir mais confortável com todos os membros da família.

As crianças frequentemente não entendem os sinais de alerta de um cão, e é por isso que às vezes podem se machucar. Certifique-se de ensiná-las a tratar adequadamente seu cão e como perceber se o animal quer ficar sozinho. Mesmo simplesmente acariciar um cão pode dar errado, então lembre-se de aconselhar as crianças a manterem as mãos longe do rosto do cachorro para evitar assustá-lo acidentalmente ou cutucar seus olhos. Os Shih Tzu geralmente não gostam que toquem em suas patas também, então se você notar uma criança mexendo nas patas do seu Shih Tzu, por favor, avise-a para que ela possa aprender.

Se um Shih Tzu não gostar da forma como as crianças estão agindo ou se a energia delas se tornar avassaladora, eles podem rosnar ou grunhir. Isso não é para ser maldoso ou agressivo, mas sim para avisar aos outros que estão chateados ou desconfortáveis. Certifique-se de que as crianças saibam que um rosnado é um sinal para recuar. Dessa forma, as crianças poderão evitar chatear o cão, tornando mais fácil para eles criarem um vínculo.

Outra maneira de ajudar seu cão a criar um vínculo melhor com os baixinhos é permitir que eles ajudem você a treiná-lo. Os cães geralmente não obedecem às crianças tão bem quanto aos adultos, então tente mostrar ao seu cão que ele deve ver as crianças como iguais a você. Treinar um cão juntos também pode ajudar o cão a se aproximar de toda a família em geral.

Quando se trata de outros animais de estimação, pode ser difícil para eles entenderem que precisam ter cuidado com seu novo amigo. Se houver mais de um cão, apresente-os um de cada vez e dê-lhes tempo suficiente para se cheirarem. Se um cão se tornar muito brincalhão no início, alguns Shih Tzu ficarão inquietos e podem rosnar ou atacar seus outros cães. Isso não significa que eles não gostem um do outro, mas pode levar um tempo para seu Shih Tzu se sentir confortável com esses novos cães. Depois que seu Shih Tzu passar algum tempo com os outros cães, ele não reagirá mais negativamente a eles. Nem todos os Shih Tzu vão querer se tornar melhores amigos de outros cães, mas com o tempo eles aprenderão pelo menos a tolerá-los.

Se houver gatos na casa, fique de olho no seu Shih Tzu quando estiver perto deles. Os Shih Tzu tendem a ser bastante curiosos, o que pode assustar os gatos. O novo cão pode tentar seguir os gatos para cheirá-los, mas tente ensinar seu Shih Tzu a deixar os gatos em paz. Os cães geralmente não entendem por que os gatos não querem cheirá-los e brincar com eles, e ficarão infelizes quando o felino finalmente arranhar e sibilar para eles em resposta.

Coisas Perigosas para Ficar Atento

"Tente ter tudo pronto antes da chegada do filhote. Se houver cabos de energia perigosos ou riscos como um filhote tropeçar e derrubar um abajur, esses itens devem ser protegidos, removidos ou, no caso de cabos de energia, envoltos com material que ajudará a prevenir eletrocussão se forem mordidos."

Twila Severance
Divine Design Shih Tzu

Quando há um cão na casa, é importante nunca deixar comida sem supervisão. Mesmo que os Shih Tzu sejam muito mais baixos que a maioria dos cães, eles podem ganhar um impulso extra se virem comida à vista. Mantenha qualquer alimento ou substância que você não queira que seu cão pegue bem fora do alcance deles, porque muitos alimentos humanos podem ser prejudiciais aos cães, como uvas e chocolate.

Em comparação com outras raças, os Shih Tzu não são grandes roedores. Eles podem ocasionalmente rasgar algo que você não quer que eles destruam, mas não é provável que destruam a casa inteira quando você não estiver olhando. No entanto, se você tiver problemas com roeduras, pode comprar brinquedos específicos para que eles tenham algo para roer. Se os brinquedos não os interessarem, você sempre pode comprar diferentes petiscos mastigáveis para mantê-los ocupados, como ossinho de nervo ou chifres. Se algo tiver um sabor interessante,

Foto cortesia de
Kelly Wallace

eles estarão muito mais interessados em mastigar isso do que quaisquer sapatos ou almofadas.

Os cães podem ser muito curiosos quando estão em um novo local, por isso é importante ficar de olho no seu animal de estimação quando ele explorar sua nova casa pela primeira vez. Se houver salas ou áreas específicas da casa que você deseja manter seu cão fora, deixe a porta fechada ou coloque um portão no caminho para mantê-lo fora. No início, seu cão pode choramingar e se perguntar o que há atrás da porta misteriosa, mas depois de um tempo, ele gradualmente perderá o interesse.

Uma coisa para ficar atento é a areia do gato. Se houver um gato na casa, é muito provável que seu Shih Tzu tente comer a areia do gato. Por mais nojento que seja, este é um hábito difícil de parar. Então, se você não conseguir ensinar seu Shih Tzu a ficar longe, você pode comprar uma trava de porta para qualquer sala onde a areia do gato esteja. Dessa forma, a porta poderá abrir apenas o suficiente para um gato passar, mas um Shih Tzu não conseguirá se espremer para entrar.

Suprimentos para Animais de Estimação para Comprar

Antes de trazer seu Shih Tzu para casa, é importante que você já tenha os itens básicos preparados com antecedência. Pode ser difícil saber quais serão as preferências do seu cão em relação a brinquedos e petiscos, então esses itens podem ser escolhidos depois que ele chegar. O essencial é garantir que você tenha à mão itens indispensáveis, como uma guia, potes de comida e água, e a ração que ele irá consumir.

Não importa de onde você obtém seu cão, provavelmente já existe um certo tipo de comida que ele está comendo. Abrigos e criadores irão informá-lo sobre a marca da ração quando você adquirir seu cão. Se a marca de ração que seu cão está acostumado não for a mesma marca que você prefere dar a ele, você pode trocá-la, mas tenha cuidado. Tente mudar gradualmente as rações, misturando-as por alguns dias antes de dar ao seu cão apenas a nova ração. Isso ajudará a garantir que a mudança repentina na alimentação não irrite o estômago dele. Se você não tem certeza de qual marca de ração é melhor para seu cão, tente visitar uma pequena loja de animais local, porque mesmo que tenham menos opções, sua seleção geralmente inclui apenas as marcas mais saudáveis. Eles também podem ajudar a dar conselhos sobre qual ração beneficiará mais seu cão.

Ao escolher uma guia para seu cão, escolha uma mais curta. Quanto mais longa a guia, mais fácil é para seu cão se afastar de você e atrapalhar outras pessoas. Muitos donos gostam das guias retráteis para seus cães, mas essas guias são mais perigosas do que as tradicionais porque é mais difícil controlar seu cão. Uma guia retrátil também é muito mais fina e pode ser difícil de ver, por isso é fácil para outras pessoas e cães tropeçarem nela. As guias retráteis também são conhecidas por deixar queimaduras desagradáveis nas pernas das pessoas quando seus cães ficam fora de controle. É por isso que uma guia tradicional tornará o passeio com seu cão muito mais fácil.

Tenha uma cama ou caixa de transporte pronta para seu cão, para que ele tenha um lugar para deitar quando precisar de espaço. Uma caixa de transporte só é realmente necessária se você quiser treinar seu novo cão para ficar nela quando você não estiver em casa. Caso contrário, uma cama será suficiente como um espaço seguro para seu cão. Se você decidir optar por uma caixa de transporte, certifique-se de que seja grande o suficiente para seu cão se movimentar e que tenha acolchoamento para mantê-lo confortável.

Foto cortesia de Sandy Cobb

CAPÍTULO 4
Trazendo Seu Shih Tzu para Casa

Quando você trouxer seu novo cão para casa, provavelmente haverá muita empolgação, mas lembre-se que o primeiro dia pode não ser tão tranquilo quanto você esperava. Há muitas coisas para preparar com antecedência e muito que você pode fazer para garantir que seu novo Shih Tzu se sinta o mais à vontade possível. Dê bastante tempo para que ele se adapte ao novo ambiente e não apresse nada.

Suprimentos para Pets que Você Deve Ter em Mãos

Antes de trazer seu cão para casa, você já deve ter comprado todos os itens básicos necessários. Deixe esses itens à mostra quando seu Shih Tzu chegar para que ele possa sentir o cheiro de todas as suas novas coisas. Quando ele reconhecer que esses suprimentos são dele, isso o ajudará a se adaptar melhor.

Se você esqueceu algum item ou se quiser comprar algumas coisas extras para seu cão, não tenha medo de levar seu novo amigo para um passeio no petshop. Dessa forma, você pode ajudar seu cão a se acostumar a andar no seu carro e ele pode ajudar a farejar os itens que mais lhe interessam.

Se seu cão parecer desconfortável em sua nova casa, você pode guiá-lo até a área dele para mostrar que está tudo bem deitar na caminha e brincar com os brinquedos. Se houver outros pets na casa, você precisa garantir que todos entendam que esses novos itens são especificamente para seu novo cão. Caso contrário, seu Shih Tzu pode ficar assustado ou ansioso se seus pertences tiverem o cheiro de outro cachorro.

Sempre tenha uma tigela com água fresca disponível para quando seu cão ficar com sede. Especialmente porque ele pode estar nervoso com a nova casa, ele pode ofegar muito e precisar de bastante água para se manter hidratado. Mesmo que a tigela esteja cheia, troque a água com frequência para garantir que ela permaneça fresca.

Os Shih Tzu geralmente se comportam bem quando andam na guia, mas se por algum motivo seu cão puxa o tempo todo, invista em uma coleira peitoral para evitar que ele se engasgue. É uma boa ideia esperar

Foto cortesia de
Kayla Wallace

para comprar a peitoral até que você tenha seu cão com você, pois assim você pode experimentar os diferentes tipos para encontrar o melhor ajuste. Algumas peitorais podem ser complicadas e dificultar a estimativa do tamanho quando seu cão não está com você.

Outro item importante para adquirir antes ou quando seu cão se mudar é uma plaquinha de identificação para a coleira ou peitoral. Inclua o nome do seu cão e suas informações de contato caso ele se perca. As pessoas geralmente não esperam que seus cães fujam, mas é melhor prevenir do que remediar. Outra forma de mantê-lo seguro é implantando um microchip como forma adicional de identificação se ele se perder. O que muitas pessoas não percebem é que não é incomum um Shih Tzu ser roubado devido à sua natureza amigável. Se seu cão não tiver um microchip ou plaquinha, ele poderia facilmente encontrar uma pessoa que decidisse ficar com ele. É importante que você faça tudo o que puder para evitar que isso aconteça.

O Primeiro Dia em Casa

"Sempre existe a possibilidade de um novo filhote ou adulto não querer comer quando chega pela primeira vez. Eles podem estar confusos e com medo, mesmo que pareçam felizes. É seu trabalho garantir que eles comam bem. A hipoglicemia pode se instalar rapidamente. Recomendo adicionar um pouco de frango picado ou caldo, ou queijo cottage às refeições para incentivá-los a comer."

Debbie Heuston
Debbie's Darlings

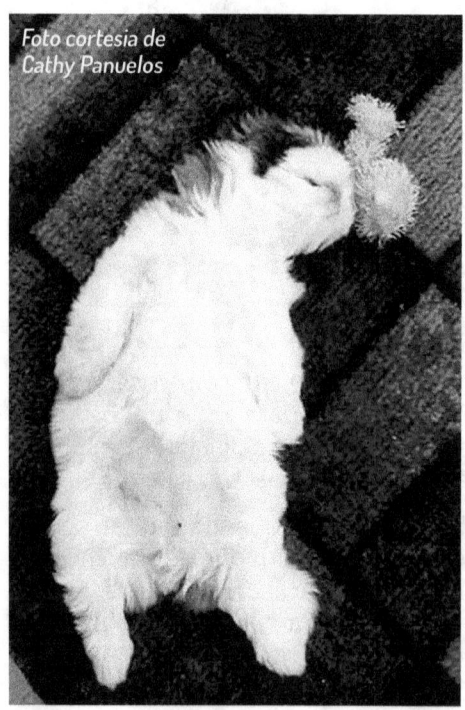
Foto cortesia de Cathy Panuelos

Trazer um novo filhote para casa é muito parecido com trazer um bebê ou uma criança pequena. Haverá muitos novos visuais, sons e cheiros para seu novo filhote, assim como para um cão mais velho, o que pode fazer com que ele não queira te obedecer no início. Você precisa garantir que tudo esteja à prova de cães para ajudar a manter seu novo amigo longe de problemas. Você também deve ser gentil e cauteloso com seu novo membro da família. Isso significa que você deve falar suave e lentamente com seu pequeno Shih Tzu, assim como faria com uma criança, para ajudá-lo a se sentir seguro perto de você.

Quando você trouxer seu cão para casa pela primeira vez, ele estará extremamente empolgado, extremamente nervoso ou uma mistura dos dois. Por mais que você queira que o primeiro dia em casa seja perfeito, você precisa lembrar que seu cão precisará de algum tempo para se ajustar. Não coloque muita pressão na ideia de que seu cão se encaixará imediatamente.

Lembre-se de recolher quaisquer objetos indesejados do chão antes de trazer seu Shih Tzu para casa. Como filhote, ele pode querer mastigar tudo o que vê, então não seria bom que a primeira experiência do seu Shih Tzu em casa fosse se engasgar acidentalmente com algo. Garanta que tudo esteja fora do alcance do seu filhote ou novo cão quando ele chegar em casa para ter certeza de que ele não fique muito curioso ao explorar a casa.

Mesmo depois de ser apresentado à nova casa e aos novos suprimentos, seu cão ainda pode parecer um pouco inseguro com tudo. Dê espaço ao seu cão depois de um tempo para que ele possa explorar a casa por conta própria. Ele provavelmente só precisará de uma chance extra para farejar todas as áreas e olhar por todas as janelas. Enquanto ele estiver explorando, continue verificando para garantir que ele não esteja se metendo em problemas.

Em casa, seja consistente com suas regras e limites para seu novo cão. Se você não quer que ele entre em certos cômodos ou suba em certos móveis, deixe esses comandos claros. Não permita que ele suba no sofá no início e depois o repreenda por estar no sofá. Essas discrepâncias em suas ordens podem facilmente confundi-lo e dificultar o aprendizado das suas regras.

Levar seu novo cão para algumas caminhadas ao ar livre também pode ajudá-lo. Ele pode farejar os cheiros de todos os cães vizinhos, além de deixar seu próprio cheiro. Caminhar pode distraí-lo de todas as outras mudanças. Os Shih Tzu geralmente gostam de sentir novos cheiros lá fora, então às vezes uma caminhada é tudo o que eles precisam para se animar um pouco.

Durante os primeiros dias em casa, mantenha as coisas o mais próximo possível da sua rotina diária. Uma festa ou um grande grupo de pessoas pode assustar seu cão, e você não quer que ele pense que será sempre assim em sua nova casa. Tente manter as coisas o mais tranquilas possível até que seu Shih Tzu tenha tempo para se adaptar.

Foto cortesia de
Stacey Hughes

A Primeira Noite

Os cães geralmente dormem de forma intermitente ao longo do dia, então quando você for para a cama, eles podem não entender que precisam dormir a noite toda. Se eles dormirem na cama com você, feche a porta do seu quarto para que, se eles acordarem, não fiquem perambulando pela casa toda. Se você tem sono leve, pode acordar toda vez que seu Shih Tzu acordar, mas não se preocupe, com o tempo seu cão começará a se adaptar lentamente ao seu horário de sono.

Decidir onde seu cão dorme é inteiramente sua escolha, mas se você estiver preocupado com seu cão perambulando à noite, mesmo que apenas em seu quarto, você pode acostumá-lo a dormir em sua caixa de transporte ou em uma área isolada da casa. Isso pode ajudá-lo a se acalmar e mantê-lo em um só lugar durante toda a noite. Ele pode latir no início, mas se você deixá-lo latir por um tempinho, ele eventualmente deve parar e perceber que é hora de dormir. No entanto, muitos donos simplesmente preferem deixar seu Shih Tzu dormir na cama com eles, já que são uma raça pequena e não ocupam muito espaço.

Se você tem um filhote, ele pode não conseguir segurar a urina durante toda a noite. Se você ouvir seu filhote choramingando no meio da noite, em vez de mandá-lo ficar quieto, tente levá-lo para fora para garantir que ele urine no local apropriado. À medida que seu Shih Tzu cresce, ele deve ser capaz de segurar por mais tempo, permitindo que você realmente durma a noite toda. No entanto, esteja preparado para perder um pouco de sono nas primeiras noites enquanto seu cão se acostuma com sua nova área de dormir.

Escolhendo um Veterinário

Como o Shih Tzu é uma raça comum, todos os veterinários provavelmente terão um grau de experiência trabalhando com eles. No entanto, você pode querer visitar os diferentes veterinários da região com antecedência para ajudar a decidir qual seria o melhor para você. Eles poderão responder a quaisquer perguntas que você tenha sobre consultas e saúde antecipadamente.

Quando você trouxer seu novo cão para casa, o criador ou abrigo já tinha a obrigação de entregá-lo o mais saudável possível, mas se você não tiver certeza sobre a saúde do seu novo cão, você sempre pode agendar uma consulta por conta própria. Dessa forma, você pode se familiarizar com o veterinário do seu cão e receber qualquer informação de saúde que possa precisar para seu novo pet.

Foto cortesia de Madison Taylor.

A primeira visita do seu cão ao veterinário provavelmente será uma experiência assustadora para ele. Embora os veterinários sejam gentis e deem petiscos ao seu cão para acalmá-lo, ainda há muitos cheiros incomuns em um consultório veterinário para seu cão. Especialmente se for um filhote, ele não vai querer ficar parado durante o exame, mas é importante manter a calma e dar muito amor e atenção ao seu cão enquanto estiver no veterinário para que ele fique menos preocupado. Recompense-o se ele se comportar bem durante o exame. Com o tempo, o veterinário deve se tornar menos assustador para seu cão, tornando as futuras visitas muito mais fáceis.

Para ajudar a tornar o processo ainda mais fácil para seu cão, leve-o para passeios de carro com mais frequência do que apenas ao veterinário. Leve-o ao parque de vez em quando, porque caso contrário, ele só associará passeios de carro a um resultado negativo, fazendo com que ele resista até mesmo a entrar no carro.

Se o veterinário informar que seu novo filhote tem algum tipo de condição ou doença, isso pode se tornar um problema. Joel Clark, criador de Shih Tzu da Puppy Love Shih Tzu, afirma que "se for genético, o criador precisa saber para não vender mais filhotes desse casal reprodutor". Mesmo que você tenha tido uma ótima experiência com seu criador, é importante notificá-lo se algo deu errado na genética do seu cão. Fazer isso evitará que futuros donos de cães obtenham as mesmas condições e características indesejadas em seus futuros filhotes.

Aulas de Obediência

As aulas de obediência não são para todos, mas não custa nada experimentá-las se você precisar de ajuda para treinar seu cão. Como os Shih Tzu são uma raça teimosa, pode ser difícil fazer com que eles te escutem, então uma aula ou treinador profissional pode beneficiar seu cão.

Se você adotar seu cão de um abrigo, eles geralmente terão recomendações sobre aulas úteis para seu cão específico. Alguns abrigos também realizam suas próprias aulas no local. Veterinários, tosadores e pet shops locais geralmente também poderão dar boas sugestões. Caso contrário, você pode simplesmente pesquisar aulas de obediência online, mas pode encontrar uma grande variedade.

As aulas podem beneficiar você e seu filhote porque podem ajudar vocês dois a criar um vínculo. As aulas devem ser capazes de fazer com que seu cão te escute com mais frequência. Elas também ajudarão seu cão a ser mais bem comportado em geral e ter melhores maneiras no dia a dia.

As aulas de obediência podem ser caras, mas o custo varia de acordo com a aula que você escolher. Cães mais teimosos, como os Shih Tzu, podem precisar fazer aulas por mais tempo para serem adequadamente treinados. Mesmo que as aulas tomem um tempo extra do seu dia, elas podem beneficiar muito seu cão no longo prazo, especialmente se for um filhote. Se você acha que pode treinar seu cão tão bem por conta própria, então as aulas podem nem ser necessárias. A decisão é completamente sua e do que você acha melhor para seu companheiro.

CAPÍTULO 5
Treinamento Básico

"Seja muito consistente e use feedback positivo. Pode levar semanas ou meses até que eles estejam completamente treinados. Se você quer um cachorro 'fácil' de adestrar, talvez precise procurar uma raça diferente."

Lisa Meyer
Puppies on the Prairie

Foto cortesia de Kate Wieser

Seja com um cão adulto ou um filhote recém-nascido, todo pet precisará de algum tipo de treinamento para se adaptar a um novo estilo de vida. Um filhote precisará aprender os comandos básicos, enquanto um cão adulto talvez precise apenas aprender a ouvir especificamente você. De qualquer forma, é importante manter a paciência com seu novo cão e dar tempo para que ele aprenda o que você espera dele.

É importante lembrar que a parte mais importante do adestramento de qualquer cão é a consistência e a repetição. Se você continuar tentando os mesmos comandos e lições repetidamente, eventualmente seu cão vai entender. Tente desenvolver uma programação específica para o treinamento, para que seu filhote possa criar o hábito de ouvir você e treinar com frequência. Apenas lembre-se de fazer o possível para não perder a paciência durante qualquer parte do processo de treinamento.

Treinamento para Fazer as Necessidades

"Consistência é o mais importante. Mantê-los confinados em áreas pequenas é a melhor coisa, especialmente quando você não pode vigi-á-los, mesmo quando parecem estar se saindo muito bem. Eles podem estar se comportando bem por um tempo, mas quando começam a trocar os dentes, geralmente voltam a ter problemas com o treinamento para fazer as necessidades."

Lisa McKinney
Mr. Foo's Shih Tzu

Se você adotou um cão adulto, provavelmente ele já está treinado para fazer suas necessidades, mas se você tem um filhote, esta é uma parte essencial do processo de treinamento. Logo de início, você deve ensinar ao seu filhote que, se ele precisar se aliviar, deve ir ao banheiro lá fora. Esta é uma parte do treinamento que pode exigir mais tempo e esforço. Pode ser fácil ficar frustrado se você não conseguir fazer seu filhote obedecer, então, se as coisas não saírem como planejado, apenas respire fundo e continue tentando.

Quanto mais jovem for o filhote, mais difícil será para ele se segurar. Leve-o para fora o máximo possível para evitar acidentes. Stefanie Marie Peacock, criadora certificada de Shih Tzu da Peacock Shih Tzu Puppies, afirma que você deve "lembrar que seu filhote não terá controle comple-to da bexiga até os 5-7 meses de idade". Isso significa que, se você tem um filhote, ele deve ser levado para fora a cada poucas horas até que aprenda a controlar quando precisa usar o banheiro. Espere muitas noi-tes longas no início, porque seu filhote provavelmente precisará sair em algum momento enquanto você estiver tentando dormir também.

Cães adultos conseguem se segurar por muito mais tempo, mas isso não significa que você deva esperar que eles o façam. Independente-mente da idade do seu cão, você ainda deve levá-lo para fora com bas-tante frequência. Pode ser entediante para um cão ficar preso dentro de casa o dia todo, especialmente quando há tantos cheiros interessantes lá fora. Não limite as caminhadas ou os momentos de banheiro simples-mente porque você não está com vontade. A vida do seu cão não deve girar apenas em torno das suas necessidades, afinal, ele também tem as próprias dele. Por isso, reserve um tempo todos os dias para que seu cão possa passear, brincar e aproveitar momentos ao ar livre.

Os momentos mais importantes para levar seu cão para fora são logo quando você acorda e logo antes de ir para a cama. Isso pode ajudar seu cão a dormir a noite toda sem precisar se levantar para fazer xixi. Não leve seu filhote para fora à noite e depois fique acordado por um tempo antes de ir para a cama, ou acorde de manhã e se prepare antes de deixá-lo sair. Quanto mais tempo eles tiverem que se segurar durante a noite, mais desconfortável será para eles.

Quando você estiver ensinando seu cão a fazer as necessidades, é uma boa ideia levá-lo ao mesmo lugar todas as vezes. Nesse local, certifique-se de ficar apenas até que ele faça xixi. Não brinque com ele enquanto estiver nessa área, ou ele pode pensar que é uma área de brincadeira em vez de uma área para fazer as necessidades. Seja consistente para que ele possa aprender a rotina de fazer suas necessidades nessa área externa.

Enquanto um filhote está aprendendo, ele terá acidentes ocasionais. Isso acontece. Se você pegá-lo no flagra, faça um som alto para assustá-lo e ele entender que aquilo não é permitido. Em seguida, leve-o imediatamente para fora, para que ele faça suas necessidades no lugar certo. No entanto, se você só perceber o acidente depois que ele já aconteceu, brigar com seu cão não vai adiantar. Um filhote não consegue entender o que fez de errado se você o punir por um ato que já aconteceu. Eles só entenderão se forem repreendidos enquanto estiverem fazendo. O melhor a fazer é simplesmente limpar a sujeira e ficar de olho neles para ter certeza de pegá-los se tentarem fazer isso novamente.

Cada vez que seu cão fizer suas necessidades lá fora, dê a ele um pequeno petisco imediatamente. Isso o ajudará a associar o ato de fazer suas necessidades lá fora com uma recompensa e mostrará que é lá fora que ele deve ir. Quando ele parecer estar pegando o jeito, você pode substituir os petiscos por elogios e atenção.

Se você tiver seu próprio quintal cercado, pode ser uma boa ideia instalar uma portinha para cães que dê acesso ao seu quintal. Dessa forma, se seu cão precisar se aliviar, ele pode aprender a sair sozinho, o que pode ser mais fácil para ele aprender. No início, ele pode não conseguir ir além da varanda, mas pelo menos o acidente ainda estará do lado de fora, em vez de no carpete ou no piso.

Quando seu filhote estiver sendo treinado para fazer suas necessidades, é importante limpar o traseiro do seu cão depois de cada vez que ele fizer cocô. Se você não fizer isso, as fezes podem ficar presas nele e endurecer como uma pedra. Se isso acontecer, ele pode não conseguir ir ao banheiro depois de um tempo, ou será doloroso para ele cada vez que fizer cocô. Isso pode causar uma hérnia ou outros problemas médicos, então, se isso acontecer com seu filhote, você deve visitar o veterinário imediatamente para garantir que o problema não piore.

Treinamento com Caixa de Transporte

Ao deixar seu cão sozinho, é comum se preocupar com acidentes ou com a possibilidade dele se meter em problemas, por isso muitos donos optam pelo treinamento com caixa de transporte. Usar uma caixa não é necessário e muitos Shih Tzu não precisam dela, mas você pode se sentir mais confortável usando uma, pelo menos até que seu cão se sinta completamente à vontade em sua casa. Assim, você sabe que ele não vai mexer em nada que você não queira. Depois de ter seu Shih Tzu por um tempo, você pode tentar deixá-lo fora da caixa porque, provavelmente, ele apenas dormirá enquanto você estiver fora. No entanto, se você decidir usar uma caixa, não mantenha seu cão nela por longos períodos com frequência, especialmente se for um filhote. Eles precisam de tempo para se ajustar a ficar na caixa. Colocá-los lá o dia todo logo no início seria demais para eles lidarem e não seria justo com seu novo cão.

Ao selecionar uma caixa, você precisará comprar uma que seja grande o suficiente para que seu cão caiba confortavelmente, mas não tão grande que ele possa andar livremente dentro dela. Isso porque, se eles tiverem muito espaço, poderão facilmente ter um acidente em um canto e depois deitar do outro lado da caixa sem preocupações. Mesmo que você esteja preocupado com seu cão tendo um acidente na caixa, você ainda deve manter um cobertor confortável ou uma cama no fundo dela. Caso contrário, será desconfortável para seu cão sentar no fundo duro e plástico por longos períodos. Se você estiver preocupado com eles sujando o cobertor, pode adicionar uma camada de jornais ou toalhas para facilitar a limpeza. Apenas lembre-se de que cobertores são laváveis, então, se algo acontecer enquanto você estiver fora, não há necessidade de surtar com seu cão.

O treinamento com caixa pode ser uma boa maneira de ajudar a treinar seu filhote para fazer suas necessidades, pois estar na caixa o ajudará a aprender a não evacuar enquanto estiver dentro dela. É desconfortável para um cão ter um acidente e depois ter que deitar nele, então isso os fará tentar ao máximo se segurar enquanto estiverem na caixa. No entanto, muitos criadores de Shih Tzu sugerem que, em vez de usar uma caixa para treinar seu filhote, tente uma área cercada da casa com tapetes higiênicos. Isso dará ao seu cão mais espaço para correr. Além disso, às vezes, se um cão tiver acidentes em sua caixa com muita frequência, ele pode se acostumar a ficar sujo, o que tornaria o treinamento mais difícil. Portanto, você pode considerar um cercadinho ou portão como uma maneira melhor de conter seu cão quando você não estiver por perto.

Embora a caixa seja geralmente apenas uma maneira fácil de manter seu cão contido à noite ou enquanto você está fora, ela também deve ser usada como um espaço seguro para seu cão. Você não quer que ele fique chateado toda vez que você o fizer entrar na caixa. Recompense-o quando ele entrar na caixa sob comando, para que ele associe isso a um bom resultado. Mesmo que eles estejam hesitantes no início, os Shih Tzu geralmente ficam bem em estar na caixa porque é apenas outro lugar para eles dormirem. Mesmo quando você estiver em casa, mantenha a porta da caixa aberta caso seu cão apenas sinta vontade de deitar nela de vez em quando. Se treinado adequadamente, seu cão vai gostar desse espaço em vez de temê-lo.

Uma parte importante do treinamento com caixa que muitos donos de cães esquecem é que a caixa nunca deve ser usada como punição. Se seu cão mastigar seus sapatos ou tiver um acidente, você não deve empurrá-lo para dentro da caixa para ensiná-lo uma lição. Isso só vai assustá-lo e fazer com que ele queira ficar o mais longe possível da caixa. Se você usá-la por razões negativas, eles pensarão que estão sendo punidos toda vez que você for a algum lugar e os deixar na caixa.

Mastigação

Shih Tzu não é uma raça que mastiga muito, mas todos os filhotes podem passar por uma fase de dentição, então tente manter objetos valiosos fora de alcance. Se você notar que seu cão está mastigando objetos indesejados com muita frequência, você pode comprar vários ossos e brinquedos diferentes para eles mastigarem. Isso ajudará a ensiná-los o que é permitido mastigar e o que não é. Se você pegá-los mastigando algo que não deveriam, repreenda-os e dê a eles um brinquedo ou osso para mastigar. Quando você visitar uma loja de animais, pode perguntar sobre quais tipos de itens para mastigar eles recomendam especificamente para Shih Tzu.

De acordo com a criadora de Shih Tzu Stefanie Marie Peacock, "Os dentes que seu bebê tem quando você o adota de mim, ele perderá todos e terá um conjunto totalmente novo dentro de 4-6 meses de idade". Isso significa que até que seu Shih Tzu tenha seis meses de idade, você precisa estar ciente que ele vai mastigar muito muito. A maioria dos cães adora mastigar madeira, então fique atento às pernas de mesas e cadeiras. Se seu cão afundar os dentes em alguns de seus móveis, tente não ficar chateado com ele. É apenas parte do processo de dentição para ajudar a aliviar a dor. Apenas fique de olho neles e mantenha muitos brinquedos por perto para eles mastigarem e você ficará bem.

É provável que seu cão pegue algo que não deveria em algum momento. Você pode pensar que tudo está fora de alcance, mas você nunca sabe quando seu cão pode se esgueirar e, de alguma forma, pegar algo tóxico. Para garantir que seu cão nunca sofra de qualquer tipo de intoxicação alimentar ou outras condições repentinas, é uma boa ideia manter o número do veterinário, da clínica de emergência e do Centro de Controle de Envenenamento Animal por perto, para que você possa ligar rapidamente para um deles se ocorrer uma emergência. É sempre melhor prevenir do que remediar.

Rosnados e Latidos

Como muitos cães pequenos, os Shih Tzu podem ser conhecidos como uma raça um pouco alta demais. Mesmo que não latam com frequência, uma vez que começam a latir, pode ser difícil fazê-los parar. Mais especificamente, os Shih Tzu geralmente latem quando veem outros cães passando ou se aproximando deles. Este é um comportamento importante de repreender porque, se você permitir que eles rosnem e latam para outros cães, seu cão pode pensar que é aceitável ser agressivo com esses outros animais.

Cada vez que seu Shih Tzu começar a rosnar ou latir para outro cão, dê a ele um comando para fazê-lo parar. Certifique-se de que este comando seja consistente todas as vezes para que eles possam associar o comando às suas ações. Se você notar que seu Shih Tzu avistou outro cão e não faz nenhuma tentativa de rosnar ou latir, recompense-o ou elogie-o para incentivá-lo a manter esse comportamento.

Se seu cão é um cão resgatado que já tem o mau hábito de latir, pode ser mais difícil treiná-lo adequadamente para corrigir esse comportamento. Às vezes, eles simplesmente não vão obedecer aos seus comandos e continuarão latindo toda vez que cruzarem com outro cão. Se este for o caso, você precisa encontrar uma maneira de mostrar ao seu

cão que você é o chefe e não ele. Uma maneira fácil de fazer isso é, se você pegá-los latindo ou rosnando, simplesmente segurar firmemente o pelo do rosto deles e dizer não, e isso geralmente os fará parar. Isso não prejudicará seu cão de forma alguma, mas normalmente os fará perceber que você está falando sério com seus comandos. Mesmo que não os faça parar de latir imediatamente, deve fazer com que eles latam com menos frequência. Você nunca deve permitir que seu cão pense que está no controle, ou ele tentará se safar de tantas coisas quanto possível.

Quanto mais seu Shih Tzu estiver perto de outros cães, menos provável será que ele lata para eles. Portanto, faça um esforço para socializar seu filhote o máximo possível.

Cavando

Alguns Shih Tzu são compelidos a cavar buracos, mas muitos donos desaprovam isso porque os deixa extremamente sujos. Além disso, se eles tentarem cavar nos quintais dos vizinhos ou em propriedades públicas, isso pode facilmente se tornar um problema. Apesar de a raça ser pequena, eles podem cavar um buraco surpreendentemente rápido. Portanto, assim que você vir seu cão começar a se agachar para cavar, ordene imediatamente que ele pare.

A maneira mais fácil de impedir que seu cão cave em áreas indesejadas é mantê-lo distraído com outras coisas. Traga brinquedos para eles brincarem ou petiscos para afastá-los do buraco. Se seu cão perceber que pode ganhar um brinquedo ou um petisco em vez de cavar, ele rapidamente perderá o interesse nesse mau comportamento e vai querer brincar com você.

Ansiedade de Separação

Os Shih Tzu podem se apegar muito aos seus donos e ficarem chateados no segundo em que são deixados sozinhos. Você não pode estar com seu cão a cada segundo de cada dia, então você precisa encontrar uma maneira de tornar o tempo sozinho mais fácil para eles. Por exemplo, você pode garantir que suas roupas sujas estejam acessíveis a eles enquanto você estiver fora. Muitas vezes, eles vão querer deitar nelas porque têm um cheiro forte de você. Se você não gosta da ideia de deixar suas roupas sujas expostas, existem camas para cães que você pode comprar, feitas especificamente para serem recheadas com suas roupas para ajudar com a ansiedade de separação do seu cão.

Se você precisar deixar seu cão com outra pessoa por um tempo, leve algo que tenha seu cheiro, como um cobertor ou travesseiro. Dessa forma, eles ainda poderão sentir seu cheiro e saberão que você voltará para buscá-los. Isso ajudará a tornar o tempo longe de você um pouco menos assustador.

Fugindo

Muitas pessoas presumem que seu cão é bem comportado demais e muito apegado a eles para fugir. Em alguns casos, isso pode ser verdade, mas às vezes os cães podem se perder e ter dificuldade para encontrar o caminho de volta para casa. Eles podem simplesmente vagar inofensivamente na direção errada e não se lembrar de como voltar. Seja qual for o caso, é importante ficar de olho nele e ajudá-lo a não fugir.

Na maior parte do tempo, você deve sempre manter seu cão na guia quando estiver ao ar livre. Se eles estiverem no parque para cães ou em outra área cercada, isso pode ser uma exceção, mas, caso contrário, mesmo que você esteja apenas caminhando pelo seu bairro, seu cão deve estar sempre na guia. Mesmo que você confie totalmente nele, você nunca sabe o que pode acontecer, especialmente com um cão recém-chegado, porque ele pode ainda não saber onde fica a casa.

Foto cortesia de Lori Gearheart

Você também deve manter uma plaquinha com suas informações de contato no seu cão o tempo todo. Dessa forma, se eles estiverem sem guia ou se acontecer de vagarem por aí, pelo menos alguém saberá como entrar em contato com você quando encontrá-lo. Se seu cão se perder sem coleira ou plaquinha, qualquer pessoa que o vir vai presumir que ele é um vira-lata.

Deixando Seu Cão Sozinho em Casa

Além da ansiedade de separação, os Shih Tzu geralmente têm muito poucos problemas em ficar sozinhos. Estejam eles em uma caixa ou não, provavelmente apenas dormirão ou olharão pela janela durante todo o tempo em que você estiver fora.

Se você precisar ficar fora a maior parte do dia, certifique-se de passar bastante tempo com seu cão antes de sair e depois de voltar para casa. Dê a eles tanta atenção quanto você daria se estivesse em casa o dia todo. Não é justo que seu cão receba menos amor só porque você está fora mais tempo. Para animá-los, dê a eles um petisco ou osso para mastigar quando você sair, para que não fiquem tão tristes ao vê--lo partir.

Se seu Shih Tzu ainda não está acostumado a ver você sair, ele pode latir por um tempo depois que você sair pela porta. Se você ouvir ele latindo, não volte imediatamente para dizer a ele para parar. Se fizer isso, ele pensará que, se latir, você voltará para buscá-lo. Em vez disso, deixe--o latir um pouco. Se você estiver preocupado em incomodar seus vizinhos, pode sempre sair e esperar lá fora até ouvir seu cão parar de latir. Isso ajudará a dar a você paz sabendo que seu cão está bem e não latirá o tempo todo. Deixar seu cão sozinho em casa pode ser difícil para vocês dois no início, mas com o tempo, ficará muito mais confortável para ambos.

CAPÍTULO 6
Socializando com Pessoas e Animais

"Acredito que é muito importante levar seu Shih Tzu para lugares públicos o máximo possível. Assim que seu filhote estiver com todas as vacinas em dia, leve-o com você sempre que puder. Se você mora perto de um parque para cães, pode levá-lo lá para brincar e socializar."

Mollie Doucette
Tatnicland Shih Tzu

Fazer com que seu cão se dê bem com você e seus familiares pode ser sua maior preocupação inicialmente, mas também é importante que seu cão se dê bem com as pessoas ao seu redor. Cada cachorro leva um tempo diferente para se acostumar com os outros, por isso é importante descobrir o quão confortável seu cão está com diferentes pessoas e animais e ensiná-lo a ser o mais sociável possível.

Certifique-se de que seu filhote tenha recebido todas as vacinas necessárias antes de levá-lo para conhecer outros cães. Você não quer que seu cachorro pegue nenhuma doença e certamente não quer que ele as espalhe também. Embora possa parecer importante tentar socializar seu cão o mais rápido possível, você nunca deve colocar ninguém em risco, então certifique-se de que seu filhote esteja vacinado antes de levá-lo para perto de outros animais.

Comportamento com Outros Cães

Ao adquirir um novo cão, muitos donos tendem a se concentrar principalmente nos truques e no adestramento e acabam negligenciando o aspecto social. Não deixe que toda a agitação de ter um novo cachorro distraia você de aprender sobre o comportamento dele. Prestar atenção em como seu cão reage a outros cães é uma das partes mais importantes da criação do seu filhote. Quanto mais jovem ele for quando você começar a ensiná-lo a socializar, mais bem-comportado provavelmente será.

O Shih Tzu pode sentir vontade de rosnar quando um cão desconhecido se aproxima. Para muitos cães, eles se sentem confortáveis depois que têm a chance de se cheirarem. Quanto mais você deixar seu Shih Tzu perto de outros cães, mais confortável ele provavelmente ficará.

No entanto, nunca force seu Shih Tzu a se dar bem com outros cães. Alguns Shih Tzu simplesmente preferem pessoas e sempre serão assim. Se você forçá-los a brincar com outros, eles podem ficar irritados, semelhante a como você se sentiria se alguém estivesse constantemente forçando você a sair com outras pessoas. Pode levar algum tempo para aprender como seu cão se sente em relação a outros cães.

Os Shih Tzu geralmente preferem cães menores aos maiores. Cães grandes às vezes podem ser demais para um cão pequeno lidar e podem ser intimidadores no início. Isso não é verdade para todos os Shih Tzu, porque às vezes essa raça gosta de pensar que é maior do que realmente é, o que significa que tentarão mandar em cães maiores. Se seu Shih Tzu fizer isso, não o pegue no colo para afastá-lo do cão grande. Isso porque quando você pega seu cão no colo, ele sentirá que é maior e superior ao outro cão, e isso não ajudará em nada seus comportamentos dominantes.

Vá com calma na socialização com outros cães. Alguns Shih Tzu farão amizade com outros cães imediatamente, enquanto outros podem nem querer ser cheirados. Isso é verdade para qualquer raça, então mesmo que seu Shih Tzu se dê bem com outros cães, você ainda deve ter cuidado. Se seu Shih Tzu se aproximar de um cão que não gosta de outros animais, ele pode rosnar e assustar seu cachorro. Não fique bravo se um cão não gostar do seu. Cada um tem uma personalidade diferente e uma atitude diferente em relação a outros cães, então respeite isso assim como você esperaria que outras pessoas fizessem com seu cão.

Maneiras de Socializar Seu Cão com Outros Animais

"Acredito que é muito importante levar seu Shih Tzu para lugares públicos o máximo possível. Assim que seu filhote estiver com todas as vacinas em dia, leve-o com você sempre que puder. Se você mora perto de um parque para cães, pode levá-lo lá para brincar e socializar."

Mollie Doucette
Tatnicland Shih Tzu

Ter um novo cão é empolgante, então você provavelmente vai querer levar seu filhote a tantos lugares quanto possível. No entanto, estar em público pode ser assustador para um novo cão, especialmente um filhote. Existem muitos sons e barulhos desconhecidos. Mas não precisa ser. A socialização é importante na vida de um cão para que ele possa se acostumar com esses tipos de mudanças.

Leve seu cão para passear com frequência, não apenas como exercício, mas também para socializá-lo. Dessa forma, ele provavelmente encontrará outros cães durante o passeio, o que pode ajudá-lo a se sentir mais confortável com outros animais ao seu redor. Se ele quiser ir em direção a outro cão, permita que eles se cheirem, mas segure firmemente a guia caso seu cão fique agressivo. Assim, mesmo que seu Shih Tzu não goste do outro cão, você ainda terá controle sobre ele com a guia. Alguns Shih Tzu podem ser teimosos quando o dono tenta afastá-los de outro cão, então, se for o caso, você pode usar uma peitoral para controlar melhor seu amigo e evitar sufocá-lo quando puxar.

Quando sentir que seu cão está melhorando sua socialização com outros animais, você pode levá-lo ao parque para cães ou a outra área pública de vez em quando. Dessa forma, eles podem conhecer uma variedade maior de cães, em vez de apenas os mesmos cães vizinhos repetidamente. Isso também dará a eles mais espaço para correr livremente. Se você estiver preocupado com o comportamento do seu cão, pode mantê-lo na guia inicialmente para ver como ele reage a esse novo ambiente. No entanto, você deve pelo menos dar a ele a chance de andar solto e ver como ele se comporta perto de outros depois de um tempo. Não seria justo que os outros cães pudessem correr livremente no parque enquanto seu cão permanece preso o tempo todo.

Se você levar seu cão à casa de um amigo que tem animais de estimação, permita que os dois animais se conheçam imediatamente para ajudar a tornar sua visita mais confortável. Se você simplesmente chegar e seu cão encontrar inesperadamente o outro cão, eles podem acabar brigando ou entrando em pânico. Você precisa mostrar ao seu cão que esse outro animal é um amigo. No entanto, seu Shih Tzu ficará com ciúmes se você acariciar o cão de um amigo mais do que acaricia ele, então certifique-se de continuar dando ao seu cão tanto amor quanto o habitual.

Cumprimentando Novas Pessoas Adequadamente

Quando você tiver seu novo cão, todos os seus amigos e familiares provavelmente vão querer conhecer seu novo membro da família o mais rápido possível. Embora seja bom expor seu cão a novas pessoas, você não deve convidar todo mundo de uma vez. Muitas pessoas podem ser estimulante demais para seu Shih Tzu e, como eles são peque-

Foto cortesia de
Teresa Brown

nos, podem ficar com medo de serem pisoteados com todos os pés extras ao redor.

Portanto, tente agendar apenas uma ou duas pessoas para conhecer seu novo Shih Tzu de cada vez. Dessa forma, seu cão pode ter um tempo individual com cada amigo, o que ajudará a formar um vínculo com cada pessoa. Isso também ajudará a diminuir o medo na próxima vez que essas pessoas vierem visitar, porque quando eles as cheirarem, poderão reconhecê-las.

Quando você passear com seu cão, as pessoas provavelmente pararão para perguntar se podem acariciá-lo. Essas podem ser boas oportunidades para ajudar seu cão a se acostumar a estar perto de desconhecidos. Muitos Shih Tzu adoram qualquer chance que têm de serem acariciados, mas se alguém pedir para acariciar seu cão e você se sentir hesitante, não se sinta mal em dizer não. Você não quer socializar seu cão demais de uma vez se ele claramente ainda não está confortável com isso.

Foto cortesia de
Brittaney Rosenmayer

Shih Tzu com Crianças

Não importa onde você vá, as crianças sempre vão querer acariciar seu cachorrinho fofo. As crianças ficam empolgadas ao ver cães pequenos e podem se aproximar do seu cão sem nem mesmo pedir primeiro. Você não precisa negar às crianças o privilégio de acariciar seu cão, mas lembre cada criança de ser gentil com seu Shih Tzu. Se você notar que seu Shih Tzu está tentando escapar do abraço de uma criança, intervenha e afaste seu cão dela o mais rápido possível para evitar possíveis rosnados ou mordidas do seu animal.

As crianças muitas vezes também vão querer pegar seu cão pequeno no colo, mas isso é uma má ideia porque, se elas acidentalmente o deixarem cair, pode ser uma experiência traumática para seu animal. Se você permitir que uma criança segure seu filhote, mostre a ela a maneira correta de segurar um cão pequeno e fique bem ao lado dela enquanto ela estiver com o cão nos braços. Certifique-se de que ela mantenha um braço embaixo do traseiro do cão para que o Shih Tzu não escorregue dos braços dela. Isso pode ajudar a proteger seu cão, bem como qualquer cão pequeno que a criança possa tentar segurar no futuro.

CAPÍTULO 7
Exercício

Os Shih Tzu não são a raça de cães mais ativa, mas todo cachorro precisa de pelo menos algum exercício, tanto físico quanto mental. É importante tentar desafiar seu Shih Tzu um pouco de vez em quando, mas sem exigir demais. Eles são mais preguiçosos que a maioria dos cães, mas é bom lembrar que cada Shih Tzu tem requisitos e necessidades diferentes.

Requisitos de Exercício

Embora os Shih Tzu não precisem de corridas ou exercícios tipo circuito de agilidade, eles precisam ocasionalmente sair de casa e deixar a preguiça de lado por um tempo. Pelo menos uma caminhada por dia geralmente é necessária para um Shih Tzu, mas isso realmente varia de cão para cão. Shih Tzus mais jovens podem querer caminhar e brincar o máximo possível, enquanto um cão idoso pode querer evitar ficar em

Foto cortesia de Judi Gullickson

pé tanto quanto possível. Quanto mais tempo você passa com seu cão, mais você aprenderá sobre suas necessidades de exercício.

Cães maiores podem exigir um plano quando se trata de quanto exercício é necessário, mas com um Shih Tzu, você pode ser mais casual com seus treinos. O mais importante é não deixá-los ser sedentários. Se tudo o que eles fazem é dormir o dia todo, então é menos provável que se mantenham saudáveis ao longo da vida. Não os faça trabalhar demais, mas tenha cuidado para que não ganhem muito peso.

Para a maioria dos Shih Tzu, uma caminhada por dia é mais que suficiente para manter sua energia. Alguns Shih Tzu podem querer mais do que isso, enquanto outros podem querer evitar exercícios completamente. Pode levar tempo para ver em qual ritmo seu filhote está, mas uma vez que você se acostume a passar tempo com seu cão, você pode decidir exatamente quanto exercício ele realmente precisa.

Formas de Exercitar Seu Filhote

Caminhadas são a melhor maneira de manter seu Shih Tzu em forma. Não precisam ser caminhadas longas, mas certamente precisam ser mais do que apenas levá-los rapidamente para fora para fazer suas necessidades. Se você tiver tempo disponível, deixe seu Shih Tzu continuar caminhando até que pareça cansado ou demonstre que quer voltar para casa. Você deve buscar gastar toda a energia deles enquanto pode, para que não fiquem ansiosos quando você os deixar sozinhos.

Embora possa ser mais fácil simplesmente passear com seu Shih Tzu pelo seu bairro quando for conveniente, isso nem sempre pode ser a melhor decisão para seu cão. Os Shih Tzu gostam de experimentar uma variedade de locais diferentes. Eles gostam de encontrar novos cheiros e perseguir diferentes bichinhos, mas é difícil para eles fazer isso se são passeados sempre pelo mesmo percurso no seu bairro todos os dias. Você não precisa levá-los a um lugar novo o tempo todo, mas de vez em quando, tente variar e levá-los a diferentes áreas e parques. Isso vai ajudá-los a manter a energia e permitir que façam mais exercício do que normalmente fariam.

Se seu cão não é fã de caminhadas por qualquer motivo, então existem outras opções de exercício para ele. Muitos Shih Tzu adoram brincar com qualquer coisa que faça barulho, então se você brincar com seu Shih Tzu o suficiente, isso pode realmente ser um bom exercício para eles. Eles geralmente gostam de buscar ou brincar de cabo de guerra com seus brinquedos. Se esses jogos forem praticados repetidamente,

Foto cortesia de Gabriel Perez

podem cansar seu cão e ajudá-lo a ser mais ativo. Se seu cão tem muita energia e quer correr brincando com você, não o ignore. Quanto mais você brincar com ele, melhor será provavelmente sua energia e exercício.

Se estiver muito quente lá fora, você pode querer evitar longas caminhadas naquele dia. Com o focinho curto do Shih Tzu, pode ser difícil para eles respirarem no calor às vezes. Por mais que eles precisem de algum exercício, você não quer causar uma insolação. Tenha cuidado para não exigir demais do seu Shih Tzu.

O clima frio não é exatamente o mesmo cenário, mas os Shih Tzu geralmente não gostam muito do frio. Eles prefeririam muito mais estar enrolados em um cobertor do que caminhando no inverno, assim como muitos donos de cães também prefeririam. No entanto, você não pode evitar passear com seu cão durante todo o inverno. Não precisa ser tão frequente quanto quando o tempo está bom, mas é bom ainda levá-los para uma caminhada ocasional mesmo que esteja um pouco frio.

Mantendo um Peso Saudável

Se você permitir que seu Shih Tzu seja muito preguiçoso, pode ser fácil para eles ganharem um peso extra. Os Shih Tzu tendem a ter uma figura mais arredondada naturalmente, mas sem os cuidados adequados, eles podem facilmente ganhar alguns quilinhos extras além disso. Se exercitar mais não está ajudando no peso do seu Shih Tzu, então você provavelmente precisa reduzir os petiscos ou as porções de comida. É difícil resistir à carinha fofa do seu cão, mas isso não significa que você deve dar comida toda vez que eles pedem. Você pode visitar um pet shop local para encontrar algumas opções de petiscos mais saudáveis, se necessário. Também existem tipos específicos de ração para cães especialmente desenvolvidos para controlar o peso do seu cão, então esses também podem ser bons para experimentar se você precisar de ajuda nessa área.

Se você não se preocupar com o peso do seu Shih Tzu enquanto eles são jovens, isso pode custar caro à medida que envelhecem. Cães com sobrepeso têm mais probabilidade de ter problemas nas articulações e dificuldades para andar quando ficam velhos. Portanto, tenha essas consequências em mente ao pensar sobre o peso do seu cão.

Foto cortesia de Heather Reid

Mantendo Seu Shih Tzu Ocupado

Esta raça também não requer muito exercício mental. Eles geralmente ficam contentes apenas deitados e olhando pela janela. No entanto, isso não significa que você nunca deve desafiar seu cão mentalmente. Mesmo com pouca necessidade de exercício mental, seu cão às vezes ficará entediado e desejará atenção constante. Compre muitos brinquedos e mordedores para manter seu amigo ocupado. Compre uma grande variedade para que eles não percam o interesse rapidamente.

Desde que você dê ao seu Shih Tzu uma boa quantidade de atenção, eles sempre estarão perfeitamente ocupados. Eles só precisam de algo para fazer sempre que acordam de uma soneca, então é bom se você estiver disposto a brincar com eles durante esse tempo. Se você não tiver brinquedos suficientes para seu cão e não brincar com eles o suficiente, eles podem facilmente ficar entediados, o que pode fazer com que se metam em problemas. Ensine ao seu Shih Tzu que brincar é muito mais divertido do que mexer em coisas que não devem.

CAPÍTULO 8
Ensinando Seu Shih Tzu

"Os Shih Tzu podem ser teimosos quando se trata de adestramento. Mesmo sendo inteligentes, eles têm personalidade própria, então você precisa ser firme com eles e tornar o treinamento divertido para que não percam o interesse."

Mollie Doucette
Tatnicland Shih Tzu

Enquanto você cria laços com seu novo cão, existem muitas coisas diferentes que você precisa ensinar a ele. Algumas pessoas pensam nos comandos apenas como truques divertidos, mas eles também podem ajudar a melhorar o conhecimento do seu cachorro. Quanto mais eles aprendem, mais inteligentes e obedientes se tornam. Portanto, se você acha que seu cachorro não precisa aprender mais comandos, isso pode não ser verdade. Os cães estão sempre animados para aprender mais.

Onde Praticar

Você pode usar um lugar específico para praticar o adestramento do seu cachorro, seja por conveniência, espaço ou qualquer outro motivo. No entanto, se seu Shih Tzu aprende a fazer comandos em apenas um local, ele pode pensar que aquele é o único lugar onde precisa realizar essas ações. Por isso, tente variar os locais de vez em quando, para que seu cachorro não esteja sempre praticando no mesmo lugar repetidamente.

Foto cortesia de Adena Glebus

Quando você está começando a treinar seu cachorro, é bom iniciar em um ambiente mais tranquilo – idealmente em algum lugar dentro de casa com poucas distrações. Isso ajudará ele a se concentrar melhor no início. Quando ele parecer estar pegando o jeito dos seus comandos, você pode avançar para locais mais públicos e ver se ainda consegue fazê-lo obedecer mesmo com outras coisas acontecendo ao redor.

Expectativas Claras

O que muitos donos não entendem quando se trata de adestramento é que seu cachorro precisa ser treinado em um nível que ele possa compreender. Quando você comanda seu cachorro a fazer algo que você não o treinou, ele provavelmente ficará confuso e não entenderá o que você quer que ele faça. Geralmente, você precisará mostrar a ele o que está esperando. Por exemplo, se você quer que seu cachorro entre na caixa de transporte, mostre a ele onde ir quando der o comando pela primeira vez. Assim, ele pode aprender a associar a palavra que você está dizendo com o lugar para onde você quer que ele vá ou o que você quer que ele faça. Pode levar um tempo para seu Shih Tzu entender, então continue repetindo a ação e o comando frequentemente para ajudá-lo a pegar o jeito. Alguns cães podem aprender muito mais rápido que outros, então não fique frustrado se seu cachorro não entender imediatamente.

Além disso, quando você dá comandos, lembre-se de ser consistente. Não use sinônimos para o mesmo comando. Seu cachorro não conseguirá entender por que você quer que ele faça uma coisa enquanto diz outra. Mantenha os comandos simples e diretos ao ensiná-los ao seu cachorro. Eles aprendem por repetição, então quanto mais eles fizerem um truque, mais fácil será para eles dominá-lo.

Reforços Primários

Quando estiver treinando seu cachorro pela primeira vez, especialmente se ele ainda for um filhote, você vai querer usar um reforço positivo que seja interessante para ele. Geralmente é um petisco pequeno e de baixa caloria, mas alguns cães preferirão um brinquedo ou osso para mastigar se petiscos não forem do interesse deles. Não escolha qualquer petisco; certifique-se de que é algo que realmente interessa ao seu cachorro, pois isso ajudará a motivá-lo melhor quando ele perceber que toda vez que seguir corretamente um comando, ganhará um delicioso petisco.

Cada cachorro tem preferências diferentes quando se trata de petiscos e recompensas. Leve seu cachorro à loja de animais com você para ajudar a selecionar um que cheire bem para ele. As lojas de animais geralmente têm petiscos específicos para adestramento. Garanta que o petisco seja saudável e com poucas calorias para seu cachorro, para que ele não ganhe muito peso de repente com todo o treinamento.

Reforços Secundários

Depois de um tempo, você não vai querer dar um petisco ao seu cachorro toda vez que ele fizer algo certo. Caso contrário, você pode acabar gastando muito dinheiro com petiscos e, além disso, muitos deles não são bons para seu cachorro. Portanto, você pode começar gradualmente a introduzir reforços secundários, como uma resposta positiva, como "boa menina" ou "bom menino", ou simplesmente um carinho extra na cabeça. Alguns donos gostam de comprar um clicker para recompensar seus cães também. Um clicker faz um pequeno som que você pode ensinar ao seu cachorro como sendo positivo. Assim, se ele fizer algo certo, você pode usar o clicker e ele reconhecerá que foi bom.

Foto cortesia de Casey Connolly

Perigos do Reforço Negativo

Muitas pessoas acham que a melhor maneira de fazer seus cães aprenderem é repreendê-los, mas raramente é o caso. Se você aumentar a voz ou gritar com seu cachorro quando ele fizer algo errado, geralmente só o assustará, porque é difícil para ele entender o que fez de errado. Mesmo que você grite com ele toda vez que se comportar mal, ele não entenderá a correlação e isso não ajudará no processo de treinamento de forma alguma. Então, tenha cuidado quando sentir vontade de repreender seu animal. Em vez disso, concentre-se mais em recompensar o bom comportamento. Se um erro for cometido, você pode simplesmente tentar novamente.

Algumas pessoas podem pensar que é bom que seu cachorro tenha medo delas, mas só porque eles ficam assustados quando você grita não significa que aprenderão. Se você gritar ou assustar seu cachorro por fazer xixi dentro de casa, isso pode não corrigir esse comportamento, mas em vez disso, fará com que ele perceba que não deve ter acidentes na sua frente. Isso pode fazer com que ele se esconda em uma área diferente da casa se realmente precisar ir, em vez de simplesmente aprender a ir lá fora. É fácil fazê-los entender as coisas que fazem certo, mas quando se trata de punições, simplesmente não é tão benéfico quanto muitos donos podem pensar.

Comportamento do Dono

Embora a forma como seu cachorro reage seja muito importante no treinamento, a maneira como você age com ele também desempenha um papel enorme em como ele se comporta. Os cães podem não ser capazes de entender comandos específicos com os quais não estão familiarizados, mas podem perceber quando você está chateado ou estressado. Isso pode dificultar que eles o escutem durante o treinamento se souberem que algo está errado.

Mesmo que você tenha tido um dia difícil, é importante tentar permanecer alegre com seu cachorro. Isso ajudará ele a relaxar e ficar mais concentrado. Se seu cachorro perceber que você não está feliz, ele responderá a isso em vez de prestar total atenção aos seus comandos.

Os Shih Tzu podem se distrair facilmente durante o treinamento, o que é um motivo razoável para ficar frustrado. No entanto, não importa o quão chateado você fique com eles, não pode deixar sua raiva aparecer. Se seu cachorro sentir que você está frustrado com ele, isso pode assustá-lo e tornar o processo de treinamento ainda mais longo.

Foto cortesia de
Mollie Doucette

Comandos Básicos

Apesar de serem difíceis de treinar, os Shih Tzu ainda podem ser facilmente ensinados com comandos simples como "senta", "fica" e "vem". Eles geralmente pegam esses comandos sem um treinamento intenso, mas se você quiser que eles aprendam uma variedade maior de comandos básicos, pode levar algum tempo. Concentre a maior parte do seu treinamento em um comando de cada vez para ajudar a melhorar os resultados.

Muitas pessoas gostam de usar gestos com as mãos para comandos básicos. Dessa forma, se você não quiser gritar comandos específicos em público, pode simplesmente mostrar o símbolo para comandar seu cachorro. Por exemplo, as pessoas geralmente usam um punho fechado para "senta" e uma mão estendida para "fica". Você não precisa usar exatamente esses gestos, mas certifique-se de que toda vez que der o comando, use o mesmo gesto para evitar confundir seu cachorro.

Seu cachorro provavelmente não responderá a comandos e gestos imediatamente. Você pode precisar ajudar a mostrar o que fazer, como tocar levemente nas costas dele para fazê-lo sentar. Uma vez que ele faça a ação correta, diga o comando junto com ela para ajudá-lo a as-

Foto cortesia de
Timothy Johnson

sociar o que fez ao que foi dito. Você precisará repetir isso muitas vezes para ajudar seu cachorro a entender a correlação.

É importante ensinar ao seu Shih Tzu pelo menos alguns comandos básicos. Dessa forma, se você o pegar se comportando mal, pode dizer para ele sentar ou ficar para ajudar a contê-lo. Quanto melhor treinado ele for e quanto mais comandos conhecer, mais fácil será fazê-lo parar com maus hábitos.

Comandos Avançados

Comandos mais difíceis, como "rola" e "dá a pata", são mais difíceis para os Shih Tzu entenderem, mas não impossíveis. Você precisa ter paciência se estiver interessado em ensiná-los esses truques mais avançados. Esses comandos são mais para exibição, mas também podem ajudar seu filhote a se tornar ainda mais obediente.

Para esses truques, você pode precisar ensiná-los em várias etapas. Por exemplo, se você quiser ensinar seu cachorro a rolar, ele precisará aprender a deitar primeiro. Se você quiser que ele dê a pata, ele precisará aprender a sentar sob comando também. Quanto mais truques eles aprenderem, mais você poderá acrescentar. Você pode ensiná-los a rastejar, girar ou até dançar. Você nunca precisa parar de treinar seu cachorro, mas tente não introduzir muitos truques novos para seu Shih Tzu de uma vez. Pode se tornar um pouco demais para eles.

Se você passar tempo suficiente treinando seu Shih Tzu, ele provavelmente aprenderá a gostar e ficará ansioso para aprender mais truques. Se você estiver se sentindo confiante, pode ensiná-lo truques úteis, como pegar seus brinquedos, abrir portas com a ajuda de uma corda e trazer certos itens, como sapatos. Esses truques complexos são tipicamente destinados a cães maiores e mais inteligentes, mas com uma certa dose de determinação e confiança, você pode fazer seu Shih Tzu realizá-los com uma boa quantidade de tempo e esforço.

CAPÍTULO 9
Lidando com Comportamentos Indesejados

"Os Shih Tzus são conhecidos por terem ansiedade de separação. Quando deixados sozinhos por períodos de tempo, eles demonstram isso através de alguns comportamentos ruins. Coisas como revirar o lixo, fazer necessidades dentro de casa, etc..."

Hiedi Johnson

Mesmo que seu cachorro possa ser completamente perfeito aos seus olhos, sempre existem certos comportamentos que podem ser corrigidos ou pelo menos melhorados. Às vezes, seu cão terá maus hábitos com os quais você já se acostumou, mas esses hábitos po-

dem ser prejudiciais ou irritantes para as pessoas ao seu redor. Aprenda a melhorar os comportamentos indesejados do seu cachorro o quanto antes para ajudar a proteger você, seu cão e todas as outras pessoas que cruzarem seu caminho.

O Que É Mau Comportamento em Cães?

Cada dono de cachorro pode ter uma definição diferente do que seria um mau comportamento. O latido de um cão pode irritar uma pessoa enquanto parece adorável para outra. Cada proprietário tem suas diferentes preferências e maneiras de adestrar seu cachorro. No entanto, quando você leva seu cão a lugares públicos, geralmente existe uma certa maneira como se espera que ele se comporte. Para os Shih Tzus, seus traços de mau comportamento mais comuns são latidos excessivos, comportamento agressivo com outros cães e vagar muito longe de seus donos.

Mesmo que os traços não ideais do seu cachorro não incomodem você, eles podem estar afetando as pessoas ao seu redor. Por exemplo, você pode não se importar se seu cachorro corre em direção a outro cão, mas aquele dono pode preferir que você mantenha seu cachorro sob melhor controle. Se alguém pedir para você manter seu cachorro na guia ou fazer com que ele pare de latir, não fique chateado. Geralmente, eles não estão tentando ser rudes, estão tipicamente apenas cuidando dos próprios cães e dos outros cães ao redor. Além disso, você não quer ser conhecido como o dono com um filhote mal adestrado. Você quer garantir que está no controle do seu cachorro o tempo todo.

Se você não tem um bom controle sobre seu cachorro, provavelmente ele não se comportará bem em público. Seu cão pode ser um anjo em casa, mas isso não significa que ele agirá tão bem em todos os lugares. Um local diferente pode ser muito para um cachorro assimilar, o que pode distraí-lo de prestar atenção às suas regras habituais. Portanto, mesmo que você ache que seu cachorro está perfeitamente adestrado, nunca é tarde demais para continuar ensinando-o.

Encontrando a Raiz do Problema

Quando um cachorro se comporta mal, não é porque ele quer chateá-lo. Geralmente, há uma razão por trás disso que você precisa descobrir primeiro. Essas razões podem ser diferentes para cada cachorro, mas os Shih Tzus tipicamente agem mal quando estão com ciúmes ou não recebendo atenção suficiente. Eles podem rosnar para outros cães se estiverem preocupados que você esteja em perigo. Eles tentarão ser muito protetores com você, mas mesmo que pareça uma intenção doce, isso geralmente pode ser um problema para outros cães e donos. Você não quer que as pessoas tenham que evitar seu cachorro só porque ele rosna para outros cães de vez em quando. Adestre seu cãozinho para se comportar corretamente tanto em casa quanto em áreas públicas.

Se você adotou seu cachorro de um abrigo ou resgate, a razão por trás de alguns dos problemas dele pode ser devido a eventos traumáticos que aconteceram com ele. Se ele fica bravo com tipos específicos de cães, então pode ter tido más experiências com eles no passado. Eles também podem ficar assustados muito facilmente às vezes, o que poderia significar que um dono anterior os criou mal. Se seu cachorro age de qualquer uma dessas maneiras, então é importante que você seja paciente com ele e o introduza lentamente a esses conceitos assustadores. Com o tempo, você pode ajudar a mostrar a ele que as coisas não são como costumavam ser e que você vai garantir que tudo fique bem com ele. Se você suspeita que seu cachorro está reagindo a algum tipo de trauma que aconteceu no passado, tente não apressá-lo ou ser muito duro com ele, ou você pode acabar deixando-o ainda mais assustado.

Prevenção de Mau Comportamento

Corrigir maus hábitos e comportamentos é como ensinar seu cachorro a fazer as necessidades no lugar certo. Você não pode punir um evento que já ocorreu. Se seu cachorro cavou um buraco no quintal, você não pode gritar com ele depois de encontrar o buraco. Você só pode repreendê-lo quando o vir cavando. O mesmo vale para qualquer tipo de comportamento. No segundo em que você vê seu cachorro fazendo algo que não deveria, diga firmemente "não" para que ele possa entender imediatamente o que fez de errado.

Uma vez que você aprenda quais são os maus hábitos do seu cachorro, introduza-o gradualmente ao adestramento para ajudar a corrigi-los. Por exemplo, se você sabe que seu cachorro late toda vez que vê outro cão, comece caminhando com ele em áreas onde não há outros cães e nenhuma outra distração ao redor. Depois, introduza-o gradualmente a áreas com mais cães. Dessa forma, haverá menos cães para eles interagirem no início, então se você o repreender por latir, será mais fácil para ele entender o que fez de errado. Quanto mais cedo eles puderem entender você, mais rápido o comportamento pode ser corrigido. Se você levá-lo a um parque para cães logo de cara, então haveria muitas distrações e muitos cães para latir, então seria mais difícil ensiná-lo o que está fazendo de errado se começar a latir. Este mesmo método serve para qualquer tipo de mau comportamento, como cavar ou roer.

Ao tentar corrigir o comportamento do seu cachorro, lembre-se de evitar puni-lo, e sempre que possível, recompensá-lo quando ele fizer as coisas certas. No momento em que você perceber que ele parou o mau comportamento, elogie-o para que entenda que ficar quieto é algo positivo, enquanto latir sem parar não é aceitável. Assim como qualquer outro comando ou truque, isso vai exigir paciência. Portanto, dê ao seu cachorro tempo suficiente para aprender o que é certo e o que não deve fazer.

Corrigindo Maus Hábitos

"Um comportamento muito indesejado é que os Shih Tzus às vezes podem mostrar muito interesse nas próprias fezes. Recolher rapidamente os dejetos pode ajudar a controlar isso, e existem alguns medicamentos de venda livre que tornam as fezes desagradáveis ao paladar, o que ajudará na prevenção desse mau hábito."

Marion Starr
Starrme Shihtzu

Cada cachorro tem diferentes maus hábitos, mas existem muitos que seriam considerados comuns. Como mencionado, os Shih Tzus são conhecidos por latir bastante e ocasionalmente cavar ou roer, como muitos cães fazem. No entanto, existem outros problemas que podem não parecer um problema para todos, mas ainda assim devem ser corrigidos.

Uma coisa que os Shih Tzus farão muito é perseguir coisas. Mais especificamente, suas coisas favoritas para perseguir são pequenos animais como esquilos, coelhos e pássaros. Isso pode não parecer um grande problema, já que é fofo vê-los tentando alcançar uma criatura que é muito mais rápida do que eles, mas pode se tornar problemático porque, uma vez que seu cachorro avista um animal, pode ser difícil controlá-lo. Se por acaso seu cachorro não estiver na guia ou puxar a guia da sua mão, ele pode correr para fora de vista ou para uma rua movimentada se não estiver adequadamente adestrado para parar.

Se seu cachorro puxa ou persegue coisas com frequência, usar uma peitoral pode ajudar a adestrá-lo melhor. Ter uma peitoral permitirá que você tenha mais controle sobre seu cachorro e permitirá que você o puxe de volta melhor se ele tentar fugir. Caminhar pode não parecer algo que precise ser treinado, mas quanto melhor seu cachorro andar com você, melhor ele vai te obedecer.

Outro mau hábito que muitos cães compartilham é pular. Quando ficam animados, os Shih Tzus podem tentar pular nas pessoas para garantir que recebam o máximo de atenção possível. Como os Shih Tzus são pequenos, pode não parecer um grande problema para você, mas muita gente pode ficar irritada se seu cachorro não parar de pular nelas.

Dedique tempo para ensiná-los que pular nas pessoas não é a maneira adequada de conseguir atenção.

Os Shih Tzus também são conhecidos por comer coisas que não deveriam. Este hábito não é exclusivo dos Shih Tzus, mas muitos são conhecidos por fazer isso. Por exemplo, enquanto você está passeando, seu cachorro pode tentar pegar algum cocô da grama ou uma minhoca morta da calçada quando acha que você não está olhando. Geralmente,

Foto cortesia de Sue Cook

se você os pega fazendo isso, eles só vão mastigar mais rápido e se recusar a soltar. A melhor maneira de ensiná-los a abandonar esse mau hábito é ficar de olho neles enquanto caminha. Se você os vir alcançando um objeto nojento, puxe-os para longe e diga "não!" o mais rápido que puder. Ao fazer Isso repetIdamente, eles devem ser capazes de entender. Você também pode manter um petisco no bolso para distraí-los se vê-los indo em direção a uma substância indesejada. Geralmente, um petisco será muito mais interessante para eles do que algum objeto aleatório no chão.

Se seu Shih Tzu tem o mau hábito de comer o próprio cocô enquanto está lá fora, então a melhor solução é recolhê-lo imediatamente. Se você deixar as fezes espalhadas pelo seu quintal por longos períodos de tempo, então é provável que eles saiam e as peguem eventualmente. É por isso que é importante manter seu quintal o mais limpo possível para que seu cachorro não coma coisas que não deve.

Quando Chamar um Profissional

Se você já tentou tudo o que pôde para corrigir os comportamentos do seu cachorro e nada mudou, então pode ser hora de chamar um profissional. Se você já passou por cursos básicos de adestramento com seu cachorro, então você deve estar familiarizado com a busca de ajuda para o treinamento, mas se não, sinta-se à vontade para pedir sugestões de adestradores a pessoas em quem você confia. Quanto mais cedo você entrar em contato com alguém para ajudá-lo, mais cedo o comportamento poderá ser corrigido. Quanto mais tempo seu cachorro puder se safar com maus comportamentos, mais difícil se tornará corrigi-los, então aja rápido. Um adestrador pode mostrar técnicas para treinar seu cachorro de forma mais eficaz.

CAPÍTULO 10
Viajando com um Shih Tzu

"Como o Shih Tzu é relativamente pequeno e tem pouca energia, eles geralmente são bons companheiros de viagem. A grande questão é se você deve levá-los. Se você estiver viajando de carro ou alugar uma casa na praia, levar seu cachorro pode funcionar muito bem. Você precisa garantir que suas acomodações e atividades sejam amigáveis para cães."

Nancy Lawson
Hill Family Shih Tzu

Embora seu Shih Tzu possa parecer perfeitamente contente ficando em casa, tente viajar com ele de vez em quando. Assim, se você precisar viajar ou se mudar para um novo local, seu cachorro não ficará chocado com essa nova experiência. É fácil levar seu Shih Tzu a diversos lugares devido ao seu tamanho pequeno. Além disso, por serem hipoalergênicos, você não precisa se preocupar com alergias de outras pessoas quando leva seu cachorro a locais públicos. No entanto, por mais divertido que seja viajar frequentemente com seu cão, você precisa garantir que ele se sinta completamente confortável viajando com você em todos os momentos, então certifique-se de introduzi-lo a isso gradualmente no início.

Passeios de Carro

Os Shih Tzu geralmente são ótimos companheiros de carro. Eles provavelmente vão apenas dormir o tempo todo ou ocasionalmente tentar olhar pela janela. No entanto, se você nunca os leva no carro, então provavelmente não será esse o caso. Às vezes, os donos só levam seus Shih Tzu no carro quando vão ao veterinário ou ao pet shop. Se você não leva seu cachorro regularmente a lugares diferentes, ele associará as viagens de carro apenas a esses locais, que geralmente são lugares que seu cachorro não gosta. Se isso for o que eles pensam quando entram no carro, podem ofegar e tremer toda vez que você dirigir com eles, o que não é uma boa experiência.

Leve seu Shih Tzu para um passeio de carro sempre que puder. Isso porque quanto mais lugares você levar seu cachorro, melhor companheiro de viagem ele será. Você precisa ensiná-lo que o carro é algo bom, então leve-o a lugares que ele gostaria. Se ele aprender que vai ao parque ou a um restaurante com área externa quando entra no carro, logo ficará animado quando você mencionar as palavras "passeio de carro".

Para alguns cães, mesmo que gostem de passeios de carro, eles não ficarão quietos durante todo o trajeto. Como os Shih Tzu podem ser uma raça carinhosa, eles também podem tentar subir no seu colo enquanto você está dirigindo. Embora isso possa ser fofo, também pode ser perigoso se seu cachorro ficar pulando no seu colo enquanto você tenta se concentrar na direção.

Uma maneira de ajudar seu cachorro a ficar quieto enquanto dirige é colocá-lo em uma caixa de transporte no carro. Isso pode ser um pouco assustador para seu cachorro no início, mas existem muitos tipos di-

Foto cortesia de
Annette Henderson

ferentes de caixas feitas especificamente para viajar com seu cão. Você pode experimentar diferentes modelos antes de decidir qual será o melhor para seu cachorro. Se a caixa for confortável o suficiente para seu Shih Tzu, ele pode até preferir viajar nela. Não espere que ele se sinta confortável nela logo de cara, porém. Ele pode choramingar e se contorcer no início, mas depois de lamentar um pouco, provavelmente se acalmará e dormirá. Então, depois de um tempo, ele se acostumará com a caixa e se sentirá confortável viajando nela.

Outra maneira de manter seu cachorro quieto no carro é comprar uma guia projetada para se prender ao cinto de segurança. Dessa forma, seu cão não pode andar livremente pelo carro e será menos uma distração para você. Provavelmente é melhor prender a guia a uma peitoral em vez de uma coleira, porque se você fizer uma curva fechada, a coleira pode sufocá-lo se a guia não estiver em um comprimento ideal.

Voando com Seu Shih Tzu

Muitas pessoas se preocupam em voar com um cachorro, mas o lado positivo de levar um Shih Tzu em um avião é que eles são pequenos o suficiente para entrar na cabine com você. Desde que seu cachorro tenha menos de 9 quilos, você pode mantê-lo em uma bolsa de transporte para avião embaixo do seu assento durante o voo. Dessa forma, você sabe que ele está bem ao seu lado o tempo todo e não precisa se preocupar enquanto estiver no ar. Geralmente há uma taxa extra de pelo menos R$ 400 para levar um animal de estimação com você, mas isso varia entre diferentes companhias aéreas. Certifique-se de pesquisar as diferentes políticas de animais de estimação das companhias com antecedência para descobrir qual é a certa para você.

Foto cortesia de Madison Taylor

Antes de voar com seu cachorro pela primeira vez, certifique-se de visitar seu veterinário. Ele pode ajudá-lo a decidir se você deve dar algum medicamento ao seu companheiro durante o voo. Se seu Shih Tzu geralmente é calmo e tranquilo, então ele provavelmente apenas dormirá durante a viagem sem problemas. No entanto, se seu Shih Tzu é tipicamente cheio de energia, então você provavelmente precisará dar algo para acalmá-lo. Ninguém quer sentar ao lado de um cachorro que está se contorcendo e latindo durante todo o trajeto.

Você pode encontrar uma bolsa de transporte para avião online, mas a melhor maneira de fazer isso é ir à loja de animais com seu cachorro para que você possa experimentar diferentes modelos. Algumas podem ser meio caras, mas procure uma que deixe seu cachorro confortável. Algumas podem ser carregadas sobre o ombro, enquanto outras têm rodas para que você possa puxar seu cachorro atrás de você sem ter que carregá-lo o tempo todo. Seu cãozinho deve permanecer na bolsa no aeroporto e durante todo o voo, então não escolha apenas a opção mais barata se seu cachorro não estiver confortável nela.

Tecnicamente, o cão deve permanecer debaixo do seu assento o tempo todo com a bolsa fechada, mas muitas companhias aéreas são flexíveis quanto a isso. Pode ser assustador para ele ficar na bolsa fechada durante todo o voo, então geralmente é permitido deixar a cabeça dele para fora durante a viagem para que ele possa pelo menos ver que você está bem ao lado dele. Mesmo que você planeje deixar seu Shih Tzu olhar ao redor durante o voo, você ainda deve estar preparado para fechar a bolsa se um comissário de bordo solicitar que você o faça.

Antes de levar seu cachorro ao aeroporto, certifique-se de usar a bolsa com antecedência. Tente colocá-lo nela em casa e dar um petisco se ele ficar quieto ou permitir que você feche a bolsa. Pratique carregá-lo nela para que ele possa se acostumar com a sensação de estar em sua bolsa de avião. Quanto mais tempo eles passarem na bolsa com antecedência, mais relaxados estarão quando estiverem nela durante o voo.

Certifique-se de levar seu cachorro para fora o mais próximo possível do seu voo. Não há lugar para seu cachorro fazer xixi no avião além da bolsa, então garanta que ele vá ao banheiro antes. Alguns aeroportos têm áreas específicas para alívio de cães onde você pode levar seu cachorro para fazer suas necessidades no aeroporto. Não confie apenas nisso, pois às vezes são áreas internas com grama artificial, então seu cachorro pode não ver isso como um lugar adequado para fazer suas necessidades. Mesmo que seu cachorro tenha saído logo antes do voo, certifique-se de levar algumas toalhas de papel no avião com você, caso seu cachorro tenha um acidente.

Passar seu cãozinho pela segurança do aeroporto pela primeira vez pode ser um pouco intimidante, porque eles não fornecem muitas informações sobre esse processo com antecedência. Se você estiver em um aeroporto movimentado, ter seu cachorro com você pode até agilizar sua passagem pela segurança, já que muitas vezes eles permitem que você use a fila preferencial ao perceberem que você está com um animal. Quando chegar sua vez, você precisará tirar seu cachorro da bolsa de transporte. A bolsa vai passar pela esteira, junto com seus outros pertences, enquanto você atravessa o detector de metais carregando seu Shih Tzu no colo. A equipe de segurança pode fazer uma rápida checagem nas suas mãos, o que é bem comum. Depois de passar por esse processo uma vez, nas próximas viagens tudo se torna bem mais simples e tranquilo.

Hospedagem em Hotel

Nem todos os hotéis aceitam cães, então pesquise bastante se você está planejando passar a noite em algum lugar com seu cachorro. Muitos hotéis permitirão cães em determinados quartos, desde que você pague uma pequena taxa. Cada hotel cobra valores diferentes e tem requisitos diferentes sobre quais cães são permitidos. Felizmente, como os Shih Tzu são uma raça pequena e tranquila, é mais fácil encontrar hotéis que os aceitem.

Um hotel será um lugar estranho para seu filhote, então lembre-se de trazer muitos itens que tenham o cheiro de casa para eles. Se você tiver que deixar seu Shih Tzu sozinho no quarto do hotel com frequência, certifique-se de que ele tenha muitos lugares acessíveis para dormir e muitos de seus brinquedos espalhados. Você pode até empurrar uma cadeira contra a janela se ela for muito alta para seu cachorro ver do lado de fora. Dessa forma, ele se sentirá mais confortável e ficará menos assustado se você sair.

Como o hotel permite cães, é provável que seu cachorro não seja o único visitante. Se seu Shih Tzu puder sentir o cheiro de outros cães ou ouvi-los latindo de outros quartos, ele também pode se sentir compelido a latir. Tente o seu melhor para treiná-lo a evitar esse comportamento, mas ele pode não obedecer tão bem nessa área desconhecida. Todos os quartos com cães geralmente ficam próximos uns dos outros, então espere conversas ocasionais de latidos entre cães em outros quartos.

Semelhante à primeira noite em casa, a primeira noite em um hotel pode ser agitada para eles. Muitas pessoas estarão entrando e saindo a todas as horas do dia e da noite, então seu cachorro pode acordar toda vez que ouvir barulhos lá fora. Em vez de gritar com eles para voltarem a dormir, acaricie-os e dê atenção para que entendam que está tudo bem.

Hotéis para Cães

Deixar cães em um hotelzinho é uma solução comum quando você vai ficar fora da cidade, mas se você decidir fazer isso com seu Shih Tzu, há muitas coisas a considerar. Nem todos os hoteizinhos são iguais, então pesquise com antecedência para encontrar um confiável para seu cachorro.

Um ponto positivo de manter seu cachorro em um hotel para cães é que eles são constantemente monitorados por profissionais. Alguns hotéis para cães até terão uma maneira de você assistir seu cachorro online para garantir que tudo esteja indo bem. No entanto, se um hotel para cães não parecer confiável, eles podem não fornecer ao seu cachorro essa mesma segurança, então tenha cuidado. Procure um hotelzinho com boa reputação. Encontre um que se preocupe com seu cachorro e não apenas com o dinheiro. Você pode obter boas recomendações de veterinários, pet shops e lojas de animais locais.

Foto cortesia de
Michelle Beltran

Alguns hotéis para cães podem não fornecer ao seu cachorro a quantidade de exercício e atenção de que ele precisa, especialmente se tiverem muitos cães diferentes para cuidar. Eles podem tentar cobrar extra por tempo de brincadeira adicional. Esses são os tipos de hotéis para cães que é bom evitar. Você não deveria ter que pagar extra para que seu cachorro receba o que normalmente recebe em casa. Também é importante escolher um hotel para cães que permita que você leve a própria ração do seu cachorro. Alguns hotéis oferecem a ração deles, mas ela pode não ser da mesma qualidade ou marca que seu cão está acostumado, e uma mudança repentina na dieta pode acabar causando desconforto ou até deixar seu cachorro doente.

Foto cortesia de
Mollie Doucette

Seu cão está sempre mais confortável em um ambiente familiar. Um hotelzinho pode ser novo e assustador para eles, por isso muitas pessoas evitam levar seus cães para lá. Você pode querer levar seu cachorro ao hotel primeiro para conhecê-lo, apenas para que eles não fiquem surpresos quando forem deixados de repente e você não estiver mais com eles.

Uma última coisa a ter em mente ao levar seu cachorro a um hotelzinho é garantir que seu cachorro esteja com todas as vacinas possíveis em dia. Existem doenças que podem ser transmitidas em hotéis para cães, como a tosse dos canis. Garanta que seu cachorro não seja prejudicado enquanto estiver hospedado lá.

Cuidadores de Cães

Um cuidador de animais pode ser uma opção melhor ao deixar seu cachorro sozinho, mas apenas se for alguém em quem você confia. Existem profissionais que você pode contratar para cuidar do seu cachorro, mas você também pode escolher um amigo próximo ou membro da família para cuidar do seu Shih Tzu enquanto você estiver fora. Quem quer que você escolha, certifique-se de que seja alguém que seu cachorro possa conhecer com antecedência, para que você não o deixe sozinho com um estranho.

Ao permitir que alguém cuide do seu animal de estimação, você pode fazer com que eles passem pela sua casa para verificar seu cachorro com frequência ou pode fazer com que seu cãozinho fique com eles. Existem prós e contras para cada opção, por isso é importante decidir qual funcionaria melhor para você e seu melhor amigo.

Se você optar por permitir que o cuidador de animais entre em sua casa enquanto você estiver fora da cidade, certifique-se de que seja alguém em quem você confia não apenas com seu cachorro, mas também com tudo em sua casa. Se o cuidador de animais vier à sua casa, seu cachorro não precisará ir para um ambiente desconhecido. Tudo terá seu cheiro e isso pode ajudá-los a se sentirem mais confortáveis sendo deixados sozinhos por um tempo. Seu cuidador de animais também pode pegar sua correspondência e pacotes enquanto estiver lá, se isso for benéfico para você também.

Manter seu cachorro em casa pode ser um problema, no entanto, porque então eles não terão alguém com eles o tempo todo. Se seu Shih Tzu não fica em sua caixa, ele pode não ter problemas em andar sozinho,

*Foto cortesia de
Mallory Duffy*

mas às vezes eles preferem a companhia extra, em vez de ter alguém que apenas passe para alimentá-los e levá-los para fora.

Se você permitir que seu cachorro fique na casa de outra pessoa, certifique-se de que seja um lugar que ele tenha visitado anteriormente. Tenha certeza de que eles tiveram bastante tempo para cheirar e explorar a área antes de realmente terem que ficar lá. Isso pode ser uma ideia melhor se você não quiser dar ao seu cuidador uma chave da sua casa.

Certifique-se de levar tudo o que seu cachorro possa precisar para a casa do cuidador de cães. Dê a eles comida suficiente para toda a estadia, traga muitos de seus brinquedos e leve um cobertor ou travesseiro seu para que eles possam ter algo que cheire a você. Quanto mais coisas você levar com eles, mais em casa eles se sentirão enquanto você estiver fora.

CAPÍTULO 11
Nutrição

O que você dá para seu cachorro tem um papel enorme na saúde geral dele. Não escolha simplesmente a marca de ração mais barata ou alimente-o apenas quando for conveniente para você. Como você quer garantir que seu cãozinho seja bem alimentado e receba tudo o que precisa para crescer forte e saudável, dedique uma atenção especial ao que você oferece a ele no dia a dia.

Importância de uma Boa Alimentação

Existem muitas marcas e sabores diferentes de ração para escolher, então pense bastante sobre qual dar ao seu cão. Os cachorros precisam de uma boa mistura de nutrientes assim como as pessoas. A ração que você seleciona para seu cachorro pode afetar muito o quão feliz e saudável ele se tornará com o tempo.

Quando você traz seu Shih Tzu para casa, provavelmente já existe uma certa marca com a qual ele estava sendo alimentado anteriormente. O criador ou os pais adotivos podem informá-lo sobre essa marca específica. Continue alimentando-o com essa marca inicialmente até encontrar algo melhor para ele. Quando mudar de marca de ração, comece misturando gradualmente as duas para evitar problemas estomacais no seu cachorro.

Os cães podem ser alérgicos a diferentes ingredientes nas rações que muitos donos não esperariam. Um grande exemplo são os grãos. Se seu cachorro está ficando doente com frequência de repente, pode ser porque há grãos na ração dele. Felizmente, existem muitas marcas de ração e petiscos sem grãos para escolher, ajudando a evitar problemas estomacais.

Outro ingrediente que pode irritar o estômago de um cachorro e que muitos donos nem consideram é o frango. Frango é um sabor comum que a maioria dos cães adora, mas pode deixar alguns cachorros doentes se comerem demais. Se seu cachorro está ficando doente e você não tem certeza do motivo, talvez seja bom tentar mudar para uma ração que não contenha grãos ou frango.

Alimentação Recomendada para um Shih Tzu

"Sempre recomendamos ração de alta qualidade para nossos adultos e filhotes. Alguns Shih Tzu podem ter alergias alimentares. As mais comuns são ao Frango e ao Milho. Se seu Shih Tzu está com pele coçando, infecções frequentes nos ouvidos ou quaisquer outros sintomas de alergia, tente eliminar esses dois ingredientes para ver se os sintomas melhoram."

Monica Cox
Maple Lane Pups

Como os Shih Tzu são uma raça menor, certifique-se de que a ração que você dá a eles venha em pedaços pequenos o suficiente para eles mastigarem. Algumas marcas produzem rações específicas para cães menores. Se seu Shih Tzu não tem interesse em mastigar rações secas, você pode tentar ração úmida ou uma dieta natural. Você pode pedir sugestões no seu pet shop local sobre as melhores opções para seu cachorro. No entanto, embora a ração úmida geralmente seja mais interessante para seu cão, às vezes pode fazer com que o hálito e as fezes deles cheirem um pouco pior, então seja especialmente cuidadoso com o sabor que você escolhe.

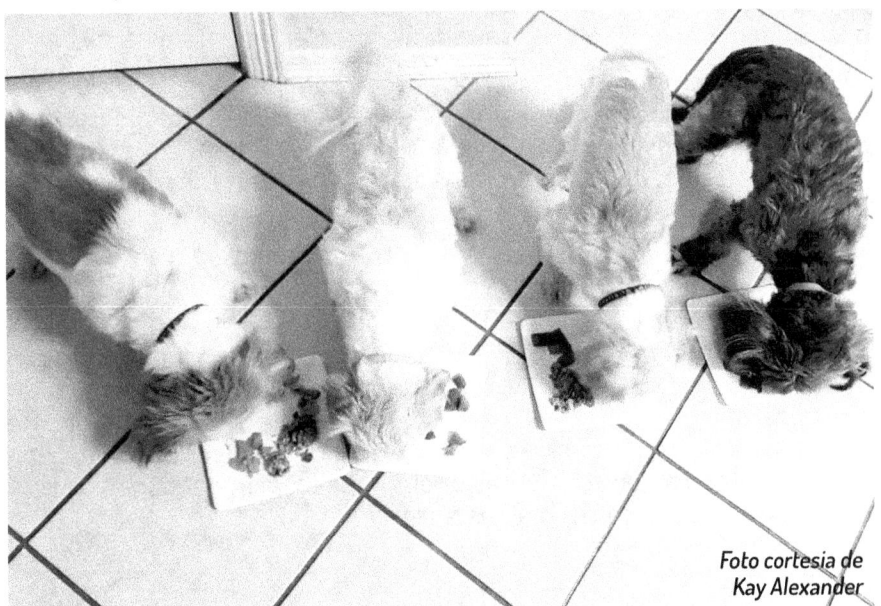

Foto cortesia de
Kay Alexander

Ao decidir sobre uma marca de ração, procure marcas com alto teor de proteína. Essas rações serão mais caras, mas geralmente são muito mais saudáveis para seu cachorro. Na embalagem, deve estar indicada a porcentagem de proteína utilizada na ração.

Karen DeAngelo, uma criadora de Shih Tzu da Glory Ridge Shih Tzu, explica que os Shih Tzu "são intolerantes à soja. A alimentação com soja pode causar cálculos na bexiga e vômito biliar." Portanto, ao selecionar uma ração para seu cachorro, verifique os ingredientes para garantir que não haja soja incluída. Pode não ser ruim para todos os Shih Tzu, mas é um ingrediente comum que causa problemas para essa raça.

Ao procurar ração para cachorro, você pode escolher entre um pequeno pet shop local ou uma grande rede. As redes são populares porque oferecem uma grande variedade de marcas de ração para escolher e são facilmente acessíveis. As lojas locais têm uma seleção menor de rações, mas geralmente vendem apenas marcas mais saudáveis que às vezes não podem ser compradas em qualquer loja. Elas também podem dar conselhos mais personalizados sobre o que comprar para seu cachorro.

Se seu cachorro for exigente, você pode alternar os sabores da ração de vez em quando para mantê-lo interessado. No entanto, tente manter a mesma marca, se possível, para que seu cachorro não fique doente com a mudança repentina. Se ele for exigente independentemente do que você ofereça, tente comprar diferentes complementos para misturar com a ração e torná-la mais atraente.

Escolhendo Petiscos

As pessoas nem sempre pensam nos petiscos com o mesmo cuidado que pensam na ração, mas eles também podem afetar a saúde do seu cachorro.

Os Shih Tzu geralmente preferem petiscos menores e mais macios porque são mais fáceis de mastigar. O sabor varia de cachorro para cachorro, mas frango, bacon, queijo e abóbora são geralmente os favoritos da maioria dos cães. Alguns pet shops pequenos permitem que você misture e combine diferentes petiscos para ajudar seu cachorro a escolher qual sabor ele mais gosta.

Mesmo sendo pequenos, os Shih Tzu gostam de mastigar diferentes tipos de ossos e mastigáveis, como palitos de boi ou orelhas de porco. Esses itens podem mantê-los ocupados porque são como um petisco e um brinquedo ao mesmo tempo. Ao escolher um mastigável para seu cachorro, certifique-se de usar algo saudável. Evite qualquer coisa com couro cru, pois pode ser difícil para eledigerir completamente.

Alimentos Humanos a Evitar

Sempre que você estiver comendo à mesa, é provável que olhe para baixo e veja seu pequeno Shih Tzu olhando de volta para você com um olhar pidão. Não se deixe tentar. Por mais saborosa que a comida humana possa ser para seu cãozinho, muitas delas podem ser extremamente prejudiciais e até tóxicas para seu cachorro. Uma migalha ocasional parece inofensiva, mas é importante saber quais alimentos humanos devem ser completamente evitados.

Quase todo mundo sabe que o chocolate é como um veneno para os cães. Não apenas chocolate, mas também café e qualquer outra coisa com cafeína. Se seu cachorro pegar um pouco de chocolate, ele pode não ficar doente imediatamente, mas quanto menor o cachorro, menos ele precisa consumir para ser prejudicado. Além disso, quanto mais escuro o chocolate, pior é para seu cachorro. Portanto, é importante manter todos os tipos de chocolate e cafeína bem longe do alcance do seu cãozinho.

Outro alimento perigoso para seu cachorro consumir são uvas ou passas. Enquanto a maioria das outras frutas e vegetais são bons para os cães, as uvas podem causar insuficiência renal no seu animal. Não se sabe exatamente por que essas pequenas frutas são tão tóxicas, mas é importante mantê-las longe do seu cachorro também.

Evite dar laticínios ao seu cachorro. Muito laticínio pode irritar o estômago deles e causar diarreia. Por mais que eles adorem leite, queijo e sorvete, o excesso pode se tornar muito prejudicial. Felizmente, existem substitutos mais saudáveis que você pode encontrar facilmente. Muitos pet shops vendem leite de cabra e sorvete para cachorro, que podem ser muito melhores para a saúde e eles vão gostar da mesma forma.

Outro alimento humano que muitas pessoas não percebem que é ruim para seu cachorro são os ossos. Depois de comer uma coxa de frango, às vezes as pessoas pensam que podem deixar seu cãozinho roer o osso, mas isso nunca deve acontecer. Ao contrário dos ossos que você pode comprar no pet shop, os ossos de frango podem facilmente quebrar e sufocar seu cachorro. Não permita que seu cachorro mastigue algo a menos que você saiba que é perfeitamente seguro para ele. Além disso, não dê ao seu cachorro as tiras de gordura da sua carne. Seja essa gordura cozida ou crua, ela pode causar pancreatite.

Junto com ossos e tiras de gordura, carne crua é outro alimento que deve ser evitado. Assim como para humanos, qualquer tipo de carne crua, peixe ou ovos que seu cachorro ingere pode conter bactérias e causar intoxicação alimentar. Se seu cachorro acidentalmente pegar qualquer uma dessas substâncias, provavelmente causará vômito e você vai ter que levar seu cão para ser examinado por um veterinário.

Pode parecer inofensivo dar a ele uma batata frita ou um salgadinho ocasionalmente, mas esses alimentos salgados realmente só devem ser dados ao seu animal em porções muito pequenas, se é que devem ser dados. O sal pode ser muito para seu cachorro lidar e, se dado em grandes porções, pode causar vômito ou diarreia. No entanto, se o alimento tiver alho ou cebola, então é tóxico para seu cachorro e deve ser evitado assim como o chocolate ou as uvas.

Alimentos Humanos que São Seguros

Embora existam muitos alimentos humanos para evitar, há alguns que são seguros para dar ao seu cachorro de vez em quando. No entanto, você não deve tornar isso um hábito. Se você não tem certeza se um tipo de alimento é seguro para seu cachorro comer, pesquise primeiro antes de dá-lo.

A maioria das carnes é adequada para seu cachorro comer, desde que sejam cozidas adequadamente. O salmão é uma das melhores fontes de proteína para cães, pode ajudar com as articulações do seu cachorro e também fortalecer seu sistema imunológico. Outras carnes, como peru e presunto, também são adequadas para ele consumir, desde que não haja alho, sal ou outros temperos incluídos. Além disso, certifique-se de que não há ossos na carne que seu cachorro possa acidentalmente se engasgar. Desde que a carne esteja cozida para garantir que não haja parasitas, então é segura para seu cachorro comer.

Outro alimento humano comum que os cães podem comer com segurança é a pasta de amendoim. É um sucesso entre os cães e é frequentemente incluído em diferentes tipos de petiscos e ossos na pet shop. Pode ser uma excelente fonte de proteína para seu cachorro e espalhar um pouco na ração pode ajudá-lo a comer mais rápido se ele for normalmente exigente com sua comida.

Muitas frutas e vegetais também são seguros para seu cachorro comer, mas certifique-se de saber antecipadamente quais são os mais seguros para ele. Maçãs, laranjas, bananas, melancia, morangos e mirtilos são exemplos de frutas que são saudáveis e saborosas para seu cachorro. No entanto, tente remover quaisquer sementes, talos e folhas, pois podem causar problemas se eles comerem demais.

Quanto aos vegetais, cenouras, vagem, ervilhas e brócolis são exemplos de alimentos seguros. Nem todos os cães gostam de vegetais, já que eles não têm muito sabor em comparação com outros alimentos humanos, mas se seu cachorro gosta de vegetais, eles podem se tornar uma alternativa saudável aos petiscos típicos. Como com qualquer outro alimento humano, tente não dar vegetais com muita frequência ou eles podem irritar o estômago do seu cachorro.

Um alimento humano que geralmente é um favorito para os cães é o queijo. Assim que eles ouvem você abrir um pacote de queijo ralado ou rasgar a embalagem de um queijo mussarela, seu Shih Tzu normalmente aparece bem ao seu lado com olhos arregalados. Embora o queijo não seja necessariamente ruim para seu cachorro, é um tipo de laticínio, então só deve ser dado ao seu cão com moderação. Se seu cachorro ficar doente com queijo, é possível que ele seja intolerante à lactose, então você pode querer consultar seu veterinário sobre isso.

Embora esses alimentos sejam seguros para seus cães consumirem, certifique-se de não dar muito ao seu cachorro de uma vez. Eles podem

implorar, mas às vezes é bom simplesmente dizer não. Eles não podem esperar que toda vez que implorarem vão ganhar restos da mesa.

Controle de Peso

Se você notar que seu Shih Tzu está começando a ficar um pouco gordinho, então você precisa começar a prestar mais atenção a tudo o que ele está comendo. Um pouco de exercício extra sempre pode ajudar, mas muitas vezes, as pessoas estão alimentando seus cães demais sem nem perceber.

Ao alimentar seu cachorro com suas refeições diárias, certifique-se de medir cuidadosamente a quantidade. Não pegue apenas um punhado ou adivinhe quanto colocar na tigela. A parte de trás da embalagem da ração que você compra deve dizer exatamente quanto servir para o peso dele. Mantenha esse medidor de tamanho sempre próximo à ração. Dessa forma, você sabe que não vai esquecer de dar ao seu cachorro a quantidade correta de comida.

Se você tem alimentado regularmente seu cachorro exatamente como deveria e ele ainda está ganhando peso, então você deve reduzir o tamanho das porções. Eles provavelmente nem vão notar se você der uma quantidade ligeiramente menor em cada refeição. Fazendo isso, você pode ajudá-los a voltar ao peso ideal.

O peso de um cachorro também tem muito a ver com os petiscos que você dá a ele. Pode ser difícil resistir a dar ao seu cachorro um agradinho toda vez que ele lhe dá um olhar pidão, mas esse é um hábito que você precisa aprender a quebrar. Os petiscos podem não ter muitas calorias em cada mordidinha, mas se você está dando recompensas com muita frequência, essas calorias vão facilmente se acumular. Se você quer elogiar seu cachorro, brinque com ele e acaricie-o com mais frequência para substituir os petiscos. Se você está dando ao seu cãozinho a atenção que ele merece, então ele provavelmente nem vai notar que está recebendo menos guloseimas.

CAPÍTULO 12
Cuidando da Pelagem do seu Shih Tzu

"Eles geralmente precisam ser levados a um tosador a cada 4 a 6 semanas. Recomendo que as pessoas façam alguns cuidados básicos em casa, especialmente ao redor do focinho. Isso facilita o trabalho dos tosadores e também é melhor para os cães se você aprender a manter o rosto e os olhos deles limpos em casa."

Lisa McKinney
Mr. Foo's Shih Tzu

Independentemente do comprimento do pelo do seu Shih Tzu, eles precisam ser escovados com frequência. Dedique tempo para encontrar um tosador de confiança, que poderá ajudar você a manter a saúde do seu Shih Tzu no que diz respeito à pelagem. Existem muitos cortes de pelo e serviços diferentes que você pode escolher para o seu cão, então considere suas opções com cuidado.

Foto cortesia de
Lisa McKinney

Noções Básicas sobre a Pelagem

A razão pela qual alguns cães precisam de tosa frequente enquanto outros não, é porque cães que não soltam pelos têm cabelo em vez de pelagem. Se um cão tem pelagem, seu pelo naturalmente cai sozinho e não precisa de um tosador para cortá-lo. Se um cão tem cabelo como o Shih Tzu, então ele continuará crescendo como o cabelo humano até que você o corte. É por isso que os Shih Tzu precisam visitar o tosador regularmente para manter um cabelo macio.

Nem todos preferem o mesmo corte para seu cão. Alguns donos gostam de manter o cabelo do seu Shih Tzu longo e esvoaçante, enquanto outros preferem mantê-los tosados e bem curtos. Quando você visitar o tosador, pode dar sugestões específicas sobre o que deseja. Normalmente, se você mora em um clima mais quente ou se leva seu cão para passear ao ar livre com frequência, talvez queira manter um corte mais curto para evitar que eles fiquem com calor ou sujos.

Independentemente do comprimento que você escolher para o cabelo do seu Shih Tzu, tente levá-lo ao tosador a cada quatro a seis semanas. Se você encontrar um tosador de que goste, pode fazer agendamentos regulares para garantir que seu filhote permaneça limpo e bem cuidado.

Banho e Escovação

"Se eles forem tosados regularmente e escovados entre as tosas, soltarão muito pouco pelo."

Debbie Heuston
Debbie's Darlings

Foto cortesia de
Heather Reid

Idealmente, seu Shih Tzu deve ser escovado pelo menos uma vez por semana. Quanto mais longo for o cabelo, mais frequentemente você deve escová-lo para evitar que fique embaraçado. Se você levar seu cão ao tosador quando ele estiver com nós no cabelo, o profissional fará o possível para desembaraçá-los, mas se a situação estiver muito ruim, talvez seja necessário raspar o cabelo do seu cão. Se isso acontecer, não fique chateado com o tosador, porque crescerá novamente em pouco tempo. Se o cabelo dele parece embaraçar facilmente, comece a escová-lo com mais frequência.

É uma boa ideia dar banho no seu Shih Tzu a cada três semanas, ou sempre que ele ficar excessivamente sujo. Por exemplo, se ele cavar um buraco no parque para cães, você provavelmente deve dar banho nele o mais rápido possível para tirar toda a sujeira dele. Quando você leva seu cão para tosar, ele também recebe um banho como parte da tosa completa, então, a menos que você mesmo corte o cabelo dele, não precisa dar banho nele por conta própria com muita frequência.

Quando seu Shih Tzu ainda é filhote, dê banho nele com um pouco mais de frequência. Os filhotes têm o mau hábito de mexer em coisas que não deveriam e podem se sujar muito mais facilmente. Além disso, quando os filhotes estão sendo treinados para fazer suas necessidades, às vezes podem ficar com fezes grudadas neles quando vão ao banheiro, então certifique-se de lavar bem para evitar infecções.

Corte das Unhas

Tente cortar as unhas do seu Shih Tzu pelo menos uma vez por mês. Isso também está incluído em uma tosa completa, mas se você depender apenas do corte de unhas quando ele for tosado, as unhas podem ficar um pouco longas. Se as unhas do seu cão fizerem um barulho alto de clique quando ele andar, isso significa que provavelmente precisam ser aparadas.

A maioria dos tosadores permite que você apareça sem agendamento para um corte rápido de unhas. Normalmente, cortar uma vez por mês é suficiente, mas se as unhas do seu cachorro ficaram muito tempo sem manutenção, os vasos sanguíneos dentro delas, conhecidos como "matriz ungueal", podem ter crescido demais. Nesse caso, o tosador não poderá cortar tanto quanto seria ideal, para não atingir a parte sensível e causar sangramento. Para que a matriz ungueal volte a um tamanho saudável, o tosador provavelmente recomendará que você volte a cada duas semanas até que as unhas se ajustem. Pode parecer trabalhoso, mas isso garante que as unhas fiquem em um comprimento confortável para o seu cachorro e evita que ele arranhe você sem querer ao pular nas suas pernas.

Se você não quiser pagar para cortar as unhas do seu cão toda vez, pode cortá-las você mesmo. Você pode comprar seu próprio cortador de unhas para cães e aparar as unhas sempre que ficarem longas. No entanto, certifique-se de pesquisar o comprimento adequado das unhas, para evitar cortá-las muito curtas. Se você acidentalmente cortar as unhas muito curtas, isso pode traumatizar seu cão e fazer com que ele não queira que você toque nas patas dele novamente. Não levará muito tempo para a unha cicatrizar se você fizer isso, mas, é claro, não é bom saber que você machucou seu cão. Se ele sangrar muito, você pode usar amido de milho para estancar o sangramento. Também pode mergulhar suavemente a região em farinha ou bicarbonato de sódio até que o sangramento pare.

Ao cortar as unhas do seu cão, não se esqueça de aparar também os ergôs. Estas são as unhas nas patas do seu cão que geralmente ficam mais acima do que as outras unhas. Elas são frequentemente esquecidas porque nem todos os cães as têm. No entanto, elas crescem tão rá-

Foto cortesia de
Dr. Troy Clifford Dargin

pido quanto as unhas normais, o que significa que, se forem esquecidas, podem começar a crescer para dentro da pata do seu cão, o que
pode ser extremamente desconfortável para ele. Certifique-se de cuidar
das unhas do seu cão para evitar que cresçam em comprimentos não
saudáveis.

Alguns Shih Tzu simplesmente não gostam que toquem em suas patas, não importa o que aconteça, então pode ser difícil fazê-los ficar pa-
rados. Você pode pedir que alguém ajude a segurar seu cão enquanto
você está cortando as unhas para não cometer erros. Sempre recom-
pense seu cão quando ele se comportar bem durante o corte de unhas.
Isso ajudará a tornar o processo menos assustador para eles, sabendo
que há uma recompensa no final.

Escovação dos Dentes

A escovação dos dentes é uma área do cuidado com cães que muitos donos negligenciam. Um Shih Tzu pode facilmente desenvolver doença periodontal quando fica mais velho, por isso é importante manter seus dentes o mais limpos possível enquanto crescem.

A maneira mais fácil de cuidar dos dentes deles é comprar uma escova de dentes e pasta de dente para cães e escová-los pelo menos uma vez por semana. No entanto, quanto mais frequentemente você escovar os dentes deles, melhor será. Espere até que seu cão se acalme para tentar escovar seus dentes, para que ele tenha menos probabilidade de se assustar e se contorcer para fugir. Você deve recompensá-lo depois que ele cooperar, para que ele possa se acostumar com esse processo.

Tente encontrar uma pasta de dente com sabor agradável para seu pet. Se eles gostarem do sabor, terão menos probabilidade de temer a escovação dos dentes. Eles ainda provavelmente não gostarão da sensação da escova de dentes contra os dentes, mas pelo menos deverão ser mais tolerantes.

Se seu cão odeia ter os dentes escovados, não importa o que você faça, existem outras opções também. Há muitos brinquedos e petiscos mastigáveis que limpam os dentes do seu cão enquanto eles os mordem, mas alguns definitivamente funcionam melhor que outros. Pergunte por aí e descubra quais marcas são recomendadas e quais terão o maior efeito nos dentes do seu cão.

É fácil esquecer a limpeza dos dentes de vez em quando. Se já faz um tempo, você pode notar que o hálito do seu cão está começando a cheirar mais do que o normal e seus dentes podem não parecer tão apresentáveis. Se este for o caso, você pode fazer uma limpeza profunda nos dentes dele. Isso pode ser feito no veterinário ou, às vezes, pequenas lojas de animais organizam dias especiais de limpeza de dentes. Geralmente, seu cão precisará ser sedado no veterinário para este procedimento, mas se seu cão for bem comportado, existem algumas opções sem anestesia que você pode tentar. No entanto, se seu cão se recusar a cooperar, eles podem não conseguir realizar o procedimento sem anestesia. A saúde do seu Shih Tzu é do interesse deles e eles não gostariam de machucar seu cão enquanto limpam seus dentes.

Limpeza de Orelhas e Olhos

Olhos e orelhas são áreas que também serão limpas durante um corte de pelo, mas com o Shih Tzu, suas orelhas e olhos às vezes precisam de atenção extra.

Se você notar que seu Shih Tzu está coçando as orelhas com frequência, isso pode ser um sinal de que elas precisam ser limpas mais vezes. Você pode comprar gotas auriculares para ajudar a limpar as orelhas, mas eles não vão gostar da sensação de um líquido descendo pelas orelhas no início. Dê a eles um petisco se você limpar as orelhas dessa maneira. Se eles continuarem a coçar, você pode querer consultar um tosador ou veterinário para ter certeza de que não há uma infecção.

Os Shih Tzu têm manchas de lágrimas com bastante frequência, então limpar os olhos deles é essencial. Se você notar que está crostoso ou viscoso embaixo dos olhos, certifique-se de limpar o mais rápido possível. Garanta que os olhos deles estejam sempre livres de qualquer sujeira ou resíduo. Se seu Shih Tzu tentar comer a crosta que você tirar dos olhos dele, não deixe. Dê a ele um petisco em vez disso, porque não é saudável para eles comerem a secreção dos olhos. Isso pode facilmente irritar o estômago e deixá-los doentes.

Se seu Shih Tzu for branco ao redor do rosto, suas lágrimas mancharão o pelo com uma estranha cor marrom. Existem produtos que podem ser usados para ajudar a corrigir isso, e seu tosador pode sugerir a melhor maneira de manter o rosto limpo e livre de qualquer substância desagradável.

Sheila Spink, da Emerald City Shih Tzu, sugere que os donos devem "manter o pelo longe dos olhos, pois eles podem desenvolver úlceras oculares se forem arranhados pelo pelo". É por isso que os Shih Tzus com cabelo mais longo são frequentemente vistos com laços e presilhas puxando os fios da cabeça para longe dos olhos. O cabelo ao redor do rosto não apenas pode dificultar a visão, mas também pode ficar preso no olho e arranhá-lo, causando ainda mais problemas oculares para seu Shih Tzu. Quanto mais você mantiver os olhos do seu Shih Tzu livres de substâncias indesejadas, melhor será para ele.

Indo ao Tosador

Embora possa ser mais barato sempre cortar o cabelo do seu cão você mesmo, muitas pessoas acham mais fácil e eficiente deixar um tosador fazer isso. A tosa incluirá todos os outros cuidados básicos, o que pode ajudar a tirar um pouco de trabalho extra dos seus ombros. Antes de deixar seu filhote fazer sua primeira tosa, você vai querer ter certeza de que ele tem todas as vacinas necessárias.

Ao procurar um tosador para seu cão, é importante escolher alguém em quem você confie. Eles devem claramente se importar com seu cão e devem querer trabalhar com você o máximo possível para dar ao seu cão o corte de pelo perfeito para você. Normalmente, tosadores em grandes lojas de animais não são a melhor opção para seu filhote, porque são muito maiores e mais movimentadas do que seriam em um veterinário ou loja de animais local. Se você levar seu cão para ser tosado em uma grande loja de animais, pode haver muitas distrações, o que poderia facilmente assustar seu Shih Tzu. Também pode ser difícil para você formar um relacionamento com o tosador, já que eles têm um grande número de clientes indo e vindo. Portanto, é melhor encontrar um tosador em uma loja menor para que seu cão possa se sentir menos estressado ao ir para cortar o pelo.

Alguns tosadores se especializam em certas raças, então se você puder encontrar um tosador que saiba muito sobre diferentes cortes para Shih Tzu, essa pode ser sua melhor aposta. Mesmo que você não queira nada muito elaborado para o cabelo do seu cão, pode ser benéfico entregar seu cão a um tosador que conheça muito sobre a raça específica, porque eles provavelmente são melhores em controlar essa raça e mantê-los calmos durante o corte. Raças diferentes podem agir de maneiras diferentes, então encontrar alguém que trabalhe com a raça Shih Tzu frequentemente pode ajudar a deixá-lo tranquilo, sabendo que está deixando seu cão com um tosador em quem confia.

Você pode pesquisar os diferentes tosadores da região e ler avaliações sobre eles com antecedência. Às vezes, o mais próximo não será necessariamente o mais adequado para você. Alguns também serão mais baratos que

101

*Foto cortesia de
Cathy Panuelos*

outros, mas lembre-se de que tosas mais baratas provavelmente não serão melhores, embora nem sempre seja o caso.

É bom conhecer seu tosador como pessoa também, para que ele possa ficar mais próximo do seu cão. À medida que seu tosador conhece melhor você e seu cão, ele pode dar dicas sobre diferentes produtos para manter a saúde e as necessidades do seu companheiro.

Muitos cães têm medo de ser tosados, mas quanto mais frequentemente eles o fazem, mais provável é que se acostumem com o processo. No entanto, se seu cão parece completamente aterrorizado toda vez que vai e volta do tosador, isso pode ser um sinal de que seu cão não está sendo bem tratado lá. Você geralmente não vê o que acontece na sala de tosa enquanto não está lá, então se seu cão está apavorado ao ir a um tosador e mais à vontade quando vai a outro, isso definitivamente pode ajudá-lo a decidir qual é a melhor opção para você e seu cão. Seu Shih Tzu pode ser muito inteligente quando se trata de pessoas em quem confia, então confie se parecer que ele está tentando avisá-lo sobre algo, especialmente quando se trata de algo sério como a tosa. A criadora de Shih Tzu Twila Severance, da Divine Design Shih Tzu, explica que "qualquer sinal de medo com um tosador é um sinal para procurar um novo. O cão está lhe dizendo algo, e você deve ouvir." Você não quer qualquer pessoa usando tesouras tão perto do seu filhote.

Quando a Ajuda Profissional é Necessária

Ir ao tosador não precisa ser apenas para um corte de pelo completo. Se seu cão não cooperar quando você tentar cortar suas unhas ou escovar seus dentes, então pode ser hora de pedir ajuda a um profissional, como um tosador ou veterinário. Eles estão acostumados a lidar com cães difíceis, então não devem ter problemas para cuidar das necessidades do seu cão.

Um profissional também pode ajudar a dar dicas sobre o que pode facilitar para você mesmo manter a saúde do seu cão. Muitas pessoas preferem ir a tosadores para esses pequenos serviços porque economiza tempo e os resultados geralmente são melhores.

Se dar banho no seu cão for complicado, o tosador também pode dar banho no seu cão. Isso normalmente incluirá as unhas e orelhas, então você não precisa marcar consultas separadas para fazer todas essas coisas. Você não precisa encontrar um profissional para cuidar da saúde do seu cão, mas às vezes isso pode ajudar muito.

CAPÍTULO 13
Cuidados Básicos de Saúde

Cuidar do seu novo cão é muito mais do que apenas treiná-lo e dar atenção. Garantir que seu Shih Tzu permaneça em perfeita saúde também é uma parte importante de ter um cachorro. Não negligencie as visitas frequentes ao veterinário ou a administração de todos os medicamentos necessários; fazer isso pode prejudicar gravemente seu cão, então sempre tente fazer o melhor para manter tudo em dia.

Visitando o Veterinário

Mesmo que seu cão pareça perfeitamente saudável para você, isso não significa que você deva evitar visitas ao veterinário. Um check-up anual é geralmente ideal para garantir que seu cão esteja com todas as vacinas necessárias em dia. Seu veterinário também pode responder a quaisquer dúvidas ou preocupações que você tenha. Mesmo que algo pareça insignificante para você, não custa nada perguntar sobre isso durante sua consulta para garantir que seu cão esteja saudável.

Sempre tenha o número do seu veterinário salvo no seu celular ou anotado em um lugar de fácil acesso. Dessa forma, se você tiver uma emergência com seu cão ou precisar fazer uma pergunta o mais rápido possível, poderá entrar em contato imediato com seu veterinário local. Nunca espere até o último minuto quando se trata de qualquer coisa relacionada à saúde do seu cão.

Vacinações

Ao visitar seu veterinário, ele informará sobre todas as vacinas recomendadas para seu cão. Se você não tiver certeza sobre o que uma vacina específica previne, seu veterinário pode fornecer todos os detalhes antes de você decidir aplicá-la no cachorro. É aceitável optar por não tomar certas vacinas, mas geralmente aqueles que conhecem bem os cães, como criadores ou tosadores, podem ajudar a sugerir quais vacinas são absolutamente necessárias e quais devem ser evitadas. Pode haver algumas que não são boas para Shih Tzu, por isso é importante fazer sua pesquisa com antecedência.

Embora muitas vacinas sejam recomendadas, existem algumas que são obrigatórias, especialmente se você vai levar seu cão em um avião ou deixá-lo em um hotelzinho. Ninguém quer arriscar que seu cachorro fique doente, então se você vai deixar seu cão em algum lugar com muitos outros cães, garanta que ele esteja com todas as vacinas obrigatórias em dia. As vacinas são benéficas porque quanto mais cães estiverem imunes a certas doenças, menos cães poderão espalhar a doença.

Quando seu cão toma uma vacina, o veterinário fornecerá documentos comprovando quais vacinas ele recebeu. Guarde-os, pois você nunca sabe quando poderá precisar. Algumas companhias aéreas, hotéis para cães e tosadores podem exigir que você mostre comprovantes de que seu filhote está vacinado, então certifique-se de ter fácil acesso a esses registros, caso necessário.

Se você tem um filhote, é importante mantê-lo longe de outros animais até que ele tenha recebido todas as vacinas obrigatórias. Não arrisque de maneira alguma que seu cão pegue doenças enquanto estiver fora e não coloque outros animais em perigo. Depois que seu filhote tiver tomado todas as vacinas, ele estará livre para sair em público tanto quanto você quiser.

Pulgas e Carrapatos

Se seu cão passa muito tempo ao ar livre, então os parasitas são definitivamente algo com que você deve se preocupar. Os Shih Tzu geralmente têm cabelos grossos e de cor escura, então se uma pulga ou carrapato subir no seu cão, será difícil para você perceber imediatamente. Verifique-os regularmente para pulgas e carrapatos, especialmente se eles parecerem estar se coçando com mais frequência do que o normal. Em climas mais quentes, essas pragas são mais comuns porque podem estar presentes o ano todo, tornando-as mais perigosas para seu cão.

Existem muitas opções para prevenção de pulgas e carrapatos. Elas quase sempre afastam ambas as pragas, então você não precisa se preocupar em comprar duas prevenções diferentes. Algumas marcas podem ser simplesmente compradas na loja, mas essas opções não são tão fortes quanto algo que um veterinário forneceria. Isso porque o medicamento contra pulgas comprado em pet shops geralmente é aplicado

Foto cortesia de
Natalie Piccolo

nas costas do seu cão, enquanto o veterinário costuma prescrever um que pode ser administrado por via oral. A primeira opção não é ruim, é uma boa alternativa para começar, mas, se não parecer estar mantendo os insetos afastados, você deve consultar seu veterinário para obter uma receita de um medicamento contra pulgas e carrapatos mais forte.

Se você mora em uma área que neva durante o inverno, então não precisa dar o remédio ao seu cão quando está muito frio para os parasitas saírem. No entanto, se é quente o ano todo perto de você, então você sempre tem que dar o remédio ao seu cão. A maioria será necessária uma vez por mês, mas existem alguns que você só precisa dar a cada três meses. Tudo depende de qual funciona melhor para o seu amigo.

Se você encontrar uma pulga ou carrapato, tente não entrar em pânico. Se seu cão sentir que você está preocupado, ele também ficará preocupado, o que o tornará menos cooperativo quando você tentar tirar a pulga ou carrapato dele.

Ao retirar um carrapato, você deve ser extremamente cuidadoso. Os Shih Tzu já não gostam quando as pessoas mexem em seus cabelos, mas eles especialmente não vão gostar se você estiver puxando um inseto que está mordendo-os. Certifique-se de segurar o mais próximo possível da pele do cão quando puxar para garantir que a cabeça não se separe do corpo. Se o carrapato parecer estar agarrado ao seu cão por um tempo, você podevisitar um veterinário depois para garantir que seu cão não contraiu a doença de Lyme do carrapato.

Se você avistar uma pulga no seu cão, pegue-a imediatamente e mate-a para garantir que ela não ponha ovos no pelo do seu cão. As pulgas podem ser difíceis de matar; elas não vão simplesmente esmagar entre seus dedos. Você geralmente pode quebrá-las ao meio com suas unhas; se você colocar detergente de louça nelas, elas geralmente morrem instantaneamente. Você tem que ser muito cuidadoso com as pulgas porque elas são minúsculas e podem pular mais longe do que você esperaria, então se você perder uma pulga em sua casa enquanto tenta tirá-la do seu cão, sua melhor opção seria limpar tudo naquela área para garantir que ela não sobreviveu.

Quando você encontra uma pulga, isso não significa automaticamente que sua casa está infestada com elas. Seu cão poderia facilmente ter pegado apenas uma lá fora, mas para estar seguro, você deve dar um banho no seu cão com xampu antipulgas o mais rápido possível. Isso matará todas as pulgas que estão nele, mas o banho antipulgas por si só não impedirá seu cão de pegar mais pragas. É por isso que é importante usar algum tipo de prevenção contra pulgas e carrapatos com antecedência.

Vermes e Parasitas

Carrapatos e pulgas podem parecer os mais preocupantes porque são insetos que você pode realmente ver no seu cão, mas também existem vermes e parasitas que você precisa se preocupar em prevenir. O mais comum é o verme do coração. Se seu cão precisar ser tratado para verme do coração, ele não deve se exercitar ou correr muito por seis meses depois. Para os Shih Tzu, isso nem sempre é um problema, mas se seu cão tem muita energia, pode ser algo difícil de lidar.

Você pode obter medicação para verme do coração com seu veterinário. Geralmente é uma substância mastigável que tem um gosto muito bom para seu cão. Eles nem perceberão que é remédio. Você precisa dar ao seu animal de estimação uma vez por mês durante todo o ano, independentemente do clima, para protegê-lo completamente.

A maneira mais comum para seu cão contrair vermes e parasitas é ingerir acidentalmente ovos de parasitas. Isso pode acontecer quando seu cão tenta comer solo, água ou grama contaminados lá fora. Os Shih Tzu adoram enfiar o nariz em lugares que não deveriam quando estão ao ar livre, por isso é importante impedir que seu cão coma diferentes substâncias lá fora. Se eles comerem muita grama ou lamberem uma poça suja, poderiam acidentalmente lamber algumas substâncias indesejadas e parasitas junto, permitindo que fiquem doentes. Certifique-se de ficar de olho no seu cão lá fora para garantir que ele não ingira nada prejudicial à saúde.

Doenças e Condições Comuns

"O maior problema com os Shih Tzu pode estar associado ao focinho curto. A maioria dos Shih Tzu ronca um pouco. Parece, no entanto, ser muito mais proeminente durante o período em que estão trocando os dentes. Por si só, o ronco não é um grande problema, desde que não haja secreção verde ou leitosa do nariz."

Nancy Lawson
Hill Family Shih Tzu

Nem todos os cães terão os mesmos problemas à medida que crescem, mas existem algumas condições comuns entre os Shih Tzu. Se você obtiver seu cão de um criador, ele deve ser capaz de notificá-lo sobre quaisquer preocupações de saúde genéticas. No entanto, se você adotou um resgatado, é difícil conhecer seus antecedentes e histórico genético, então pode ser difícil adivinhar quais tipos de condições eles poderiam desenvolver ao longo do tempo.

Uma preocupação de saúde comum para os Shih Tzu é que, à medida que envelhecem, devido aos seus olhos grandes, podem ter muitos problemas oculares, como infecções e perda de visão. Se os olhos de um Shih Tzu não forem limpos com frequência, materiais podem facilmente ficar presos em seus olhos devido às suas órbitas oculares rasas. A melhor maneira de garantir que os olhos de um Shih Tzu permaneçam o mais limpos possível é verificá-los todos os dias para garantir que não haja vermelhidão ou descoloração. Se os olhos lacrimejarem muito ou parecerem nublados, isso pode ser algo que você queira verificar com seu veterinário. Quanto mais tempo você esperar para examinar os olhos deles, pior será no final. Problemas oculares quase sempre precisam de atenção imediata quando se trata da raça Shih Tzu.

As orelhas também são outro ponto problemático para os Shih Tzu porque são caídas. É comum que infecções por fungos se formem nelas, então verifique-as sempre que verificar os olhos. Infecções por fungos podem ocorrer em todo o corpo do seu cão, mas as orelhas são o lugar mais comum para começarem. Semelhante aos problemas oculares, não espere se vir um problema. Entre em contato com seu veterinário o mais rápido possível para impedir que a infecção piore.

Como os Shih Tzu têm rostos achatados, é comum que tenham problemas respiratórios. Por causa disso, eles também podem ter insolação com bastante facilidade. Se estiver muito quente lá fora, certifique-

Foto cortesia de
Lisa Agnew

-se de não passear com seu cão por longos períodos. Alguns sintomas de insolação são tontura e até desmaio. Se isso acontecer, leve seu cão para uma área fresca imediatamente. Você pode aplicar toalhas frias no corpo deles ou colocá-los perto de um ventilador para ajudar a resfriá-los mais rapidamente. Em geral, sempre que você os levar para longas caminhadas, certifique-se de trazer bastante água para eles caso comecem a ofegar muito. Embora as caminhadas sejam saudáveis para seu cão, não os sobrecarregue. Em vez de fazer uma longa caminhada por dia, considere levá-los em várias caminhadas curtas se isso parecer um ritmo melhor para eles.

De acordo com a criadora de Shih Tzu Stefanie Marie Peacock, dos problemas de saúde genéticos que os filhotes de Shih Tzu enfrentam, "os mais comuns são a Hérnia Umbilical e as Narinas Estenóticas". Essas condições podem parecer assustadoras, mas geralmente não há com o que se preocupar porque o veterinário as corrigirá quando seu cão for castrado ou esterilizado. A Hérnia Umbilical é uma bolha de tecido gorduroso que aparecerá na barriga do seu cão onde estava o cordão umbilical. A razão pela qual isso acontece com tanta frequência com os Shih Tzu é porque eles geralmente têm uma mordida irregular e as mães serão teimosas e tentarão morder o cordão umbilical elas mesmas. Os criadores tentarão ao máximo ajudar nesta parte do processo, mas às vezes não podem evitar se o Shih Tzu chegar primeiro. Esse problema geralmente se resolverá sozinho, mas, se necessário, o veterinário o corrigirá quando você castrar seu cão.

As Narinas Estenóticas, por outro lado, são quando as narinas do Shih Tzu estão apertadas demais, dificultando a respiração. Estas serão tipicamente comuns enquanto seu filhote está trocando os dentes. Monica Cox da Maple Lane Pups descreve que as narinas do filhote "se abrirão à medida que o filhote cresce e a inflamação da troca de dentes desaparece, elas podem ficar apertadas novamente quando os dentes adultos aparecerem". Pode não acontecer da mesma forma para cada filhote, mas é um problema comum que os donos de Shih Tzu devem estar cientes. Para evitar que seu cãozinho tenha problemas respiratórios durante esse período, certifique-se de que seu filhote ainda esteja comendo e bebendo ativamente com frequência, porque isso ajudará a manter as narinas abertas normalmente. Mesmo que você esteja preocupado com as narinas apertadas do seu cão, é importante esperar até que eles terminem a troca de dentes para considerar fazer uma cirurgia. Você terá que tolerar as ocasionais fungadas e roncos do seu filhote de Shih Tzu, mas isso é apenas para ajudar a corrigir suas narinas. As Narinas Estenóticas são uma condição que geralmente se corrige sozinha, então realmente não devem ser uma grande preocupação, mas são algo que você deve ocasionalmente ficar de olho enquanto seu filhote de Shih Tzu passa por esse processo.

Embora muitos criadores concordem que a Hérnia Umbilical e as Narinas Estenóticas são os problemas mais comuns para filhotes de Shih Tzu, uma criadora, Debbie Heuston da Debbie's Darlings, aponta que "alguns problemas de saúde genéticos podem ser problemas com os joelhos saindo do lugar, evitar que eles pulem muito em móveis ou deles é uma causa principal. Fornecer degraus é uma ótima medida preventiva para isso". Os Shih Tzu são conhecidos por tentar pular ao lado de seus donos, não importa onde estejam sentados. Embora isso possa parecer adorável no início, quanto mais frequentemente eles fizerem isso, mais isso pode prejudicar as articulações do seu cão, especificamente seus joelhos. Portanto, se um móvel parecer muito alto para seu Shih Tzu alcançar, você pode ceder à preguiça do seu Shih Tzu e pegá-lo no colo. Dessa forma, ele permanecerá saudável por mais tempo e não terá dor nas pernas à medida que crescer. Como Heuston sugere, degraus podem ser uma boa coisa para colocar ao lado de uma cama alta ou sofá para facilitar o acesso do seu cão. Você também pode usar qualquer objeto baixo para servir como um tipo de degrau, mas tente fazer o possível para tornar esses saltos mais fáceis para seu cão.

CAPÍTULO 14
Cuidados com Cães Idosos

À medida que seu cão envelhece, você pode precisar começar a agir de maneira diferente com ele. Provavelmente ele vai ficar mais lento e não será tão brincalhão como costumava ser, mas ainda precisa do mesmo amor e carinho de antes. Fique atento à saúde do seu cão conforme ele envelhece para garantir que possa viver a vida mais longa e feliz possível.

Prevenção de Doenças e Lesões

Uma boa maneira de se preparar e prevenir futuras lesões é visitar o veterinário com mais frequência. Quando seu cão é jovem, uma vez por ano é perfeitamente adequado para um check-up, mas quando seu cão se torna idoso, tente visitá-lo a cada seis meses apenas para ter certeza de que tudo continua bem com seu cão. Seu veterinário também pode dar dicas sobre como manter melhor a saúde do seu cão mais velho.

A expectativa de vida de um Shih Tzu geralmente varia de dez a dezesseis anos. Eles normalmente são considerados idosos quando completam oito ou nove anos, mas cada cão envelhece em ritmos ligeiramente diferentes. Se você estiver preocupado com seu Shih Tzu começando a ficar mais lento, entre em contato com seu veterinário para obter conselhos sobre como cuidar melhor do seu cão idoso.

Mesmo que ainda tenha um companheiro jovem, é uma boa ideia planejar com antecedência. Se você mantiver a saúde do seu cão durante toda a vida dele e planejar para quando ele começar a envelhecer, é menos provável que ele desenvolva doenças significativas quando ficar mais velho. Isso envolve mantê-lo limpo, com um peso saudável e garantir que esteja feliz durante toda a vida. Se você mantiver isso em mente constantemente enquanto cuida do seu Shih Tzu, seu cão terá mais chances de viver uma vida longa.

Claro que, assim como qualquer pessoa, uma vida longa nunca é garantida para seu cão, mas é importante que você faça tudo o que puder para ajudá-lo. Se você não tem tempo e dinheiro para manter seu cão em uma condição saudável, isso pode ser um sinal de que um cão não é para você, então lembre disso antes de adotar seu Shih Tzu. A vida dele está em suas mãos e você não quer fazer nada que possa prejudicá-lo sem intenção.

Foto cortesia de Marsha Parham

Noções Básicas de Cuidados com Cães Idosos

Como muitas pessoas sabem, os cães envelhecem em um ritmo muito mais rápido do que os humanos. Um ano humano equivale a aproximadamente sete anos para um cão. Isso significa que a vida deles é muito mais curta que a sua, mas felizmente, cães menores tendem a viver mais do que os maiores, então seu Shih Tzu provavelmente poderá viver uma vida longa com você.

Você pode precisar se tornar mais paciente com seu cão com o passar dos anos. Eles ainda precisarão de exercícios regulares e passeios, mas certifique-se de caminhar no ritmo deles para evitar sobrecarregá-los. Como os Shih Tzu já são preguiçosos por natureza, não espere que seu cão aja drasticamente diferente conforme envelhece, mas eles ficarão ainda mais preguiçosos com o tempo. Se eles não quiserem mais brincar e correr tanto, isso é algo que você precisa aceitar. Não tente sobrecarregar seu cão idoso.

Se seu Shih Tzu tem coloração escura, você poderá ver pelos brancos ou grisalhos durante seus anos de velhice. No entanto, se a pelagem dele já é majoritariamente branca, ele pode não parecer mais velho. O pelo provavelmente não será tão macio como costumava ser, mas quanto mais você escovar o pelo do seu cão, mais qualidade será mantida conforme ele envelhece.

Às vezes, o apetite do seu cão idoso pode mudar. Ele pode não querer comer com tanta frequência ou pode de repente ficar mais exigente com suas comidas. Você pode precisar reduzir as refeições para se ajustar ao apetite dele. Existem também tipos de ração específicos para ajudar cães idosos, então essa pode ser uma boa opção se seu cão não estiver mais interessado na ração normal.

Higiene e Estética

Mesmo que seu cão idoso pareça um pouco menos tolerante quando se trata de higiene, mantê-lo limpo é essencial. Verifique os olhos, orelhas e pele com mais frequência para ficar atento a qualquer coisa incomum no corpo dele. Se você não verificar seu cão com frequência, ele poderá desenvolver algum tipo de condição que você desconhece. Se você mantiver seu cão limpo, será mais fácil identificar comportamentos ou condições incomuns assim que ocorrerem.

Continue levando seu cão idoso para ser tosado com frequência, mas entenda que pode levar mais tempo para o tosador terminar o serviço. Isso porque eles querem ter cuidado para não machucar seu cão.

Cães mais velhos podem ter dificuldade em ficar em pé durante toda a tosa ou podem ficar irritados com o secador, então o tosador fará o possível para levar o tempo necessário e dar ao seu cão tantas pausas quanto necessário. Por isso é importante encontrar um tosador em quem você confie, para que você saiba que eles serão cautelosos e pacientes com seu cão sênior.

Sempre que você for a um novo tosador, certifique-se de informar a idade do seu cão. Pode não parecer importante para você, mas tosar um filhote é muito diferente de tosar um cão idoso. Também informe ao tosador sobre quaisquer problemas médicos que seu cão tenha antes de começarem o trabalho. Dessa forma, eles sabem quais áreas são mais sensíveis e terão cuidado ao trabalhar nessas regiões. Se você não informar ao tosador sobre quaisquer problemas de saúde do seu cão, eles podem acidentalmente machucá-lo sem querer.

Às vezes, os tosadores recusam cães idosos para cortes de pelo simplesmente porque querem garantir que seu cão não seja colocado em perigo. Cães mais velhos podem ser mais frágeis e às vezes mais difíceis de trabalhar, então em algum momento, pode ser melhor você começar a cuidar das necessidades de higiene do seu Shih Tzu por conta própria. Você conhece seu cão melhor do que ninguém, então será o mais cuidadoso quando se trata de dar banho e limpar diferentes áreas do corpo dele.

Foto cortesia de Lisa DeMarco

Doenças Comuns em Cães Idosos

Para cães idosos em geral, existem muitas doenças e condições diferentes a se esperar. Quanto mais você cuidar da saúde do seu cão quando ele é jovem, melhor ele estará conforme envelhece. Uma doença comum em cães idosos é a doença periodontal, devido ao fato de que muitos donos negligenciam a limpeza dos dentes do cão regularmente. Quanto mais velho seu cão fica, mais acúmulo ele terá nos dentes e gengivas e mais provável será que ele desenvolva essa doença.

Muitos cães também desenvolvem artrite e doenças articulares à medida que envelhecem, assim como as pessoas. Isso ocorre porque a cartilagem que protege suas articulações se desgasta com o tempo, causando fricção dolorosa quando tentam se movimentar. Isso pode dificultar a caminhada do seu cão e fazer com que ele fique mais lento conforme envelhece. Se ele estiver acima do peso, é mais provável que ele tenha problemas articulares mais cedo. Todos os cães podem desenvolver isso, mas se seu cão não estiver com um peso saudável, ele terá uma carga maior nas articulações, dificultando sua movimentação. Se você notar que seu Shih Tzu está tendo dificuldade para se movimentar, consulte seu veterinário para que ele possa ajudar a encontrar uma maneira de aliviar essas dores para seu cão.

Se seu cão estiver obeso, existem muitas outras doenças que podem surgir com a idade avançada. Além da doença articular, eles também podem desenvolver diabetes e doenças respiratórias. É mais comum que cães idosos fiquem acima do peso porque não se exercitam tanto quanto um Shih Tzu mais jovem. Para evitar que seu cão sênior fique acima do peso, pode ser útil mantê-lo em uma dieta rigorosa quando atingir uma idade mais avançada. Isso pode ajudá-lo a manter um peso saudável mesmo que não esteja se exercitando tanto quanto deveria.

Outra doença que cães mais velhos podem desenvolver é o câncer, assim como ocorre com os humanos. Trata-se de uma causa comum de morte em cães idosos, por isso é uma condição que merece atenção. O câncer geralmente pode ser identificado pela presença de um caroço grande que não cicatriza. Se você notar qualquer tipo de protuberância ou inchaço na pele do seu cão que pareça anormal, é importante consultar um veterinário para ter certeza de que não se trata de algo sério. É muito melhor descobrir um possível câncer precocemente do que correr o risco de perder seu cão repentinamente por conta dessa doença. Além disso, você certamente não quer que seu cão sofra.

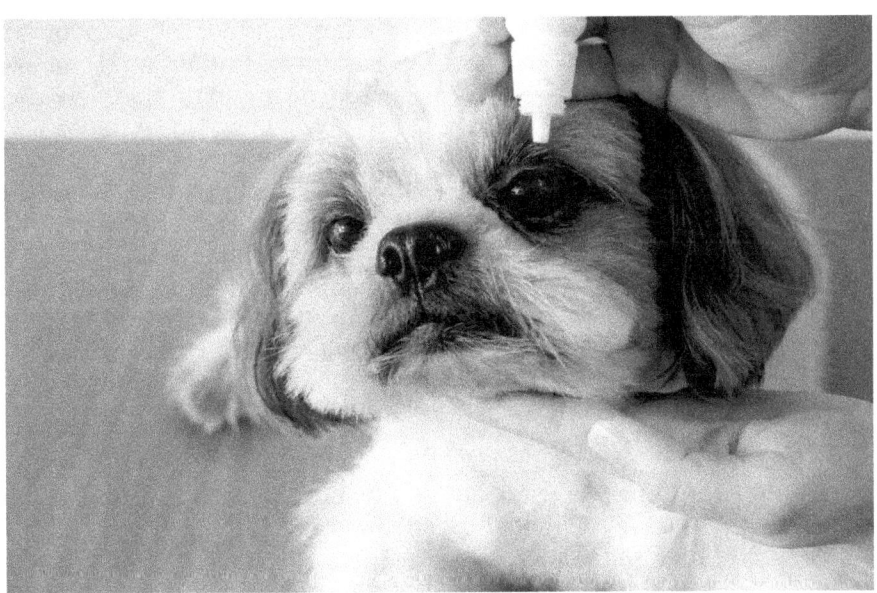

Quando É Hora de Dizer Adeus

É difícil processar o fato de que seu cão não viverá para sempre. Com o tempo, eles começarão a ficar mais lentos, e se seu cão começar a agir de uma maneira muito diferente do normal, você pode querer consultar o veterinário para garantir que tudo esteja bem. É normal que seu cão fique mais preguiçoso que o habitual, mas se ele ficar tão preguiçoso que nem queira se levantar, isso pode significar que algo está errado com ele. Quanto mais cedo você puder detectar quaisquer sintomas, mais fácil pode ser encontrar uma cura.

Haverá alguns sinais de que a vida do seu cão está chegando ao fim simplesmente com base no comportamento dele. Às vezes, eles podem estar com tanta dor que nem conseguem andar, então podem querer apenas ficar deitados o tempo todo. Se eles não conseguem nem ficar em pé o suficiente para ir lá fora fazer suas necessidades ou estão se recusando a comer ou beber, infelizmente esses são sinais de que você precisa aceitar que seu cão não vai viver muito mais. Tente permitir que seu cão tenha algumas experiências divertidas durante seus últimos dias para que ele possa pelo menos criar algumas últimas memórias felizes com você.

Se seu cão desenvolver uma doença que pareça muito grave, sempre consulte seu veterinário antes de decidir deixá-lo partir. Seu cão pode ter uma condição curável que você desconhece, por isso é sem-

pre bom descobrir todos os fatos caso haja uma maneira de permitir que seu cão viva mais. No entanto, se você perceber que seu cão está com muita dor, às vezes é melhor acabar com seu sofrimento. Por mais difícil que seja deixar ele partir, você só precisa lembrar que deu ao seu cão uma vida longa e feliz, e isso é o que importa.

Pode ser difícil se despedir, mas quando chegar a hora, o melhor a fazer é estar ao lado dele durante todo o processo. Você não quer que os últimos momentos do seu cão sejam gastos procurando por você sem saber onde você está. Se você estiver ao lado dele, ele ficará mais relaxado e feliz porque você está por perto. É uma experiência muito difícil de passar, mas todo dono de cão deve enfrentá-la em algum momento. Não deixe que momentos tristes como esse distraiam você da alegria que você sentirá ao longo da vida do seu Shih Tzu.

No geral, o Shih Tzu é uma excelente raça para se ter como animal de estimação. Se você está procurando um cão pequeno e hipoalergênico que lhe dará muito amor, então esse pode ser o animal de estimação perfeito para você. Eles são amigáveis, leais e sempre dispostos a fazer companhia e cuidar de você quando necessário. Eles adoram proteger seus donos e garantir que aqueles de quem gostam estejam sempre seguros. Eles têm energia para manter a vida emocionante para você, bem como a preguiça necessária para lhe dar muitos carinhos. Eles podem dar trabalho de vez em quando, mas se você decidir trazer um Shih Tzu para sua vida, será uma decisão da qual você nunca se arrependerá.